Couvertures supérieure et inférieure
manquantes

LECTURES

SUR

'HISTOIRE DU BERRY

PAR

J.-B. PERCHAUD

INSPECTEUR DE L'ENSEIGNEMENT PRIMAIRE

PARIS

BELIN FRÈRES, LIBRAIRES-ÉDITEURS

RUE DE VAUGIRARD, 52

—

1905

TABLE DES MATIÈRES

PRÉFACE

Ce petit livre est offert à tous ceux qui, en Berry, étudient ou enseignent l'histoire. Aux uns, il permettra de mieux comprendre les faits généraux, de s'y intéresser davantage, en les mettant, pour ainsi dire, plus près d'eux. Aux autres, il permettra, suivant un conseil judicieux, souvent renouvelé par les autorités scolaires, de faire une place à l'histoire locale dans leurs leçons.

Qu'est-ce que *l'histoire locale?* Ce ne peut être, à mon avis, que l'histoire de la province, surtout si la province est, comme le Berry, d'étendue restreinte, et a possédé une individualité propre, sans cesser, à aucun moment, de participer à la vie du pays tout entier. Il convient d'y ajouter les faits dont la commune ou le canton aurait été le théâtre; mais l'instituteur pourra les résumer en quelques lignes, quand ils en vaudront la peine.

Des difficultés insurmontables empêchaient les maîtres d'utiliser l'histoire locale. Les ouvrages qui en traitent sont nombreux et volumineux; ils ne se trouvent que dans les grandes bibliothèques; ils renferment de longs passages sans intérêt; enfin ils ne sont pas écrits pour les enfants. Un travail de recherches, de choix, d'adaptation était nécessaire. On ne pouvait l'exiger des instituteurs. Je m'en suis chargé.

Dans nos écoles, on doit demander à l'histoire locale de rendre familier le passé du Berry absolument ignoré, on peut l'affirmer, et pourtant si plein d'intérêt, et d'autre part, d'éclairer, d'illustrer l'histoire de France. Chacun des faits relatés dans les récits qui suivent répond à ce double besoin. J'ai retenu seulement, des annales de la province, ce qui pourrait figurer dans les annales du pays lui-même. Tout ce qui était trop particulier, tout ce qui n'offrait qu'un intérêt purement local a été sacrifié. De même, une histoire complète et suivie aurait renfermé trop d'inutilités et j'ai été conduit à mettre en lumière les choses essentielles en des lectures détachées.

Quant à l'exécution, je me suis proposé d'écrire pour les enfants un ouvrage qui ne parût pas trop puéril aux lecteurs instruits. J'ai tâché d'éviter les développements faciles, les enjolivures, me bornant à être aussi clair et aussi simple que possible : c'était, d'ailleurs, la seule ambition qui me fût permise. Pour ne pas grossir le volume, j'ai été sobre de réflexions et de jugements, laissant aux maîtres le soin de les tirer du texte dont ils me semblent se dégager naturellement.

Voici maintenant l'usage que l'on peut faire de ce livre. Il correspond au programme des trois cours. Mis entre les mains des élèves à partir du cours élémentaire (2ᵉ année), il serait lu et expliqué à la fin de chaque leçon d'histoire. Je le considère aussi comme un livre — accessoire bien entendu — de lecture courante auquel on aurait recours une ou deux fois par semaine, concurremment avec l'ouvrage suivi dans l'école ; il servirait à varier les lectures : elles ne le seront jamais trop. Et j'estime que les récits qu'il renferme, pris en pleine réalité et en pleine vie, seront aussi attachants et aussi utiles que tant de berquinades dont nos enfants ont les oreilles rebattues. Si les pages qui vont suivre pouvaient donner aux jeunes générations de nouvelles raisons d'aimer la petite et la grande patrie, ce me serait une précieuse récompense.

Il serait trop long d'indiquer ici tous les ouvrages dont je me suis inspiré. Je n'en citerai que deux : l'*Histoire du Berry*, par Raynal, dans laquelle j'ai puisé une foule de renseignements, et la thèse érudite de M. Marcel Bruneau sur les *Débuts de la Révolution* dans le Cher et l'Indre (1789-1791) qui m'a fourni d'utiles indications. J'ai le devoir et le plaisir de renvoyer à ces excellents livres les personnes studieuses qui voudraient connaître en détail l'histoire de notre province.

LECTURES SUR L'HISTOIRE DU BERRY

1. — Avant l'invasion romaine.

Au temps des Gaulois, nos ancêtres se nommaient *Bituriges*. Le territoire qu'ils occupaient, plus étendu que le Berry actuel, était compris entre l'Allier, la Loire et la Vienne. Ils ressemblaient aux autres Gaulois. De haute taille, la barbe et les cheveux blonds, la peau blanche, ils étaient braves, hospitaliers, passionnés pour les aventures et les combats.

Il est peu de contrées en Europe qu'ils n'aient ravagées. De bonne heure, ils refoulèrent au delà de la Garonne leurs voisins du sud. On prétend que Bordeaux a été fondée par eux, qu'ils ont conquis l'Espagne et qu'ils y ont bâti plusieurs villes. De grandes expéditions gauloises ont eu pour chefs des Bituriges, s'il faut en croire d'anciens historiens.

Sigovèse, qui conduisit une grande armée dans la vallée du Danube, serait un Biturige, de même que *Bellovèse*, qui envahit le nord de l'Italie. Après avoir prêté main-forte à la colonie de Marseille en guerre avec ses voisins, Bellovèse passa les Alpes et se rendit maître de tout le bassin du Pô. Il y bâtit une bourgade qu'il appela Mediolanum, en souvenir, croit-on, d'une ville de son pays natal nommée aujourd'hui *Châteaumeillant* : cette bourgade est devenue la grande ville de Milan.

Les Bituriges étaient industrieux. Ils savaient

extraire et travailler le fer qui se trouve en abondance dans le sous-sol de notre province. Ils passent pour avoir inventé l'art d'étamer les métaux. Grâce à ce procédé, les riches possédaient des harnais et des chars brillants comme l'argent.

Le sol ne restait pas inculte. On récoltait, surtout aux environs de Lignières, du lin de belle qualité qui servait à tisser des voiles de vaisseaux.

Dans les vastes forêts de chênes vivaient des troupeaux de porcs dont on savait déjà saler et fumer la chair. Les jambons préparés par les Bituriges faisaient l'objet d'un commerce actif avec les peuplades voisines. Le porc était une source de bien-être et de profit; aussi est-il représenté sur les médailles et les monnaies frappées à cette époque.

2. — Siège de Bourges par Jules César.

Au moment où les Romains parurent en Gaule, appelés par les Gaulois eux-mêmes toujours engagés dans des luttes intestines, plusieurs villes remarquables existaient dans le pays des Bituriges. Ce sont celles que nous appelons aujourd'hui : *Argenton, Châteaumeillant, Dun-sur-Auron, Déols, Issoudun, Mehun, Sancoins.* Mais la plus importante de toutes et la plus belle, bien que ses maisons fussent bâties en bois et couvertes en chaume, était *Bourges,* nommée alors *Avaricum.* Située au milieu de vastes marais, accessible d'un seul côté, elle était, en outre, bien fortifiée.

Lors du grand soulèvement de la Gaule contre les Romains, *César* marcha sur Bourges, venant d'Orléans, avec soixante mille hommes, en 53 avant Jésus-Christ. Il lui fallut d'abord emporter une petite place forte, *Noviodunum*, aujourd'hui Neuvy-sur-Barangeon ou Pierrefitte-sur-Sauldre, dans le département du Cher. Elle fit peu de résistance. Pour affamer l'armée romaine, *Vercingétorix*, l'adversaire de César, résolut de dévaster le pays; de détruire les récoltes, de brûler les villes. Plus de quinze cités furent ruinées par son ordre. Mais on commit la faute d'épargner Bourges qui renfermait d'immenses approvisionnements. César courut l'assiéger. Campé à *Alléan*, près de *Baugy*, Vercingétorix inquiétait les assiégeants, interceptait leurs communications, capturait leurs convois.

Le siège fut pénible et meurtrier pour les Romains. Ils tâchaient d'élever au niveau des murailles de grosses tours en bois, du haut desquelles ils combattaient. De leur côté, les assiégés lançaient des quartiers de roches, des pieux aiguisés, de la poix enflammée et essayaient d'incendier les tours. Les Bituriges déployèrent un courage qui fit l'admiration de César lui-même. Un Gaulois jetait dans le feu des boules de suif et de poix qu'on lui donnait de main en main. Là-dessus, ayant été percé d'outre en outre d'un trait lancé par une machine, un autre aussitôt prit sa place qui fut tué de même, puis un troisième et un quatrième, sans que jamais un poste si dangereux restât sans combattant.

Désespérant de faire lever le siège, Vercingétorix ordonna que la ville fût évacuée pendant la nuit. Les soldats partirent en silence, mais les femmes accoururent, leurs enfants dans les bras, pour supplier qu'on ne les abandonnât point. Leurs supplications restaient vaines. Elles se mirent alors à pousser des cris de détresse qui donnèrent l'éveil aux Romains et firent échouer le projet d'évasion.

Un jour de grande pluie, s'apercevant que les murailles étaient dégarnies de défenseurs, César résolut de livrer l'assaut suprême. Il feignit de se relâcher dans l'attaque et de faire reposer ses soldats à l'abri. Cependant il les exhortait à se montrer résolus et, tout à coup, il les lança contre la ville où ils réussirent à entrer. Les Romains vengèrent leurs fatigues et leur longue attente par le pillage et le massacre. Sur quarante mille habitants, huit cents seulement purent leur échapper.

César fit reposer son armée à Bourges. Là lutte devait se terminer à *Alésia* par la défaite de Vercingétorix.

3. — La domination romaine.

La Gaule resta sous la domination romaine pendant plus de 500 ans. Ce fut une période de paix pendant laquelle les Bituriges se livrèrent à l'agriculture, au commerce, à l'industrie. Ils se mirent aussi à cultiver les lettres et les arts, à imiter, autant qu'ils le pouvaient, la brillante civilisation des Romains.

Bourges fut rebâtie et embellie. Des arènes, sortes de cirques aux vastes proportions, y furent construites. Trois immenses aqueducs, dont les traces sont encore visibles, y firent arriver de l'eau potable. Plusieurs voies de communication relièrent cette ville à *Poitiers* par *Châteaumeillant*, *Argenton*, *Le Blanc*; à *Limoges*, à *Clermont*, à *Orléans*. Les routes étaient surveillées et, au besoin, défendues par des camps retranchés établis de distance en distance.

L'un de ces camps (*castra*), situé sur la voie romaine de Châteaumeillant à Argenton, serait l'origine de la ville de *La Châtre*.

On prenait, à cette époque, un grand plaisir aux représentations du cirque où s'égorgeaient les gladiateurs. Aussi, il y avait des arènes non seulement à Bourges, mais encore à Saint-Marcel, près d'Argenton, à *Levroux*, à *Neuvy-sur-Barangeon*.

Les voies romaines étaient constamment sillonnées par des marchandises, des voyageurs, des soldats, de riches équipages, et cette circulation intense était un signe de la prospérité et de la sécurité du pays.

4. — Le christianisme en Berry.

Le christianisme fut prêché en Berry par *saint Ursin*, environ 200 ans après Jésus-Christ, d'abord avec peu de succès. La nouvelle religion menaçait le prestige des fonctionnaires romains, qui avaient un caractère sacré, ainsi que l'institution de l'esclavage sur laquelle reposait en grande partie le monde ancien. En faisant aux hommes un devoir de s'aimer les uns les autres, elle établissait l'égalité morale entre le maître et le serviteur. Les premiers adeptes furent des gens d'humble condition, des déshérités auxquels on promettait un monde meilleur. Puis, peu à peu, la doctrine fut embrassée par des personnages influents, et, dès lors, sa cause était gagnée. C'est ainsi que l'un des hommes les plus riches et les plus éclairés du Berry, *Léocadius*, se montra favorable aux chrétiens. Il leur donna une belle maison qu'il possédait à Bourges et qui devint leur première église.

Le Berry eut, comme Lyon, Paris et d'autres

villes, ses martyrs, dont l'histoire, incertaine et légendaire, est parvenue jusqu'à nous. Les plus connus sont *saint Marcel* et *sainte Rhodène*.

Marcel, tout jeune encore, vint de Rome en Gaule pour y rejoindre sa mère et son frère. Arrivé à *Argenton*, il prêcha, et sa parole éloquente opéra de nombreuses conversions. Le bruit courut même qu'il faisait des miracles, qu'il avait guéri l'enfant d'une pauvre veuve, lequel était à la fois muet, sourd et boiteux. Et tous ceux qui souffraient accouraient pour le voir et l'entendre. *Héraclius*, préteur romain qui commandait la ville, fit saisir Marcel et le somma de renier sa foi. Mais ni les menaces, ni les prières ne fléchirent l'apôtre. Il subit avec courage de cruelles tortures, puis fut décapité sur la colline où s'élève aujourd'hui le bourg de Saint-Marcel.

Rhodène était fille d'un Romain de grande naissance. Elle entendit les prédications de saint Silvain, chef de l'église de Gabatum, aujourd'hui *Levroux*, et se fit secrètement baptiser. Pour se consacrer à Dieu, elle abandonna la maison de son père. Mais un jeune Romain, du nom de Corusculus, l'aimait et devait l'épouser; il se mit à sa poursuite à la tête d'une troupe de cavaliers armés. Voulant détourner d'elle son fiancé, Rhodène ne craignit pas de se défigurer : avec des ciseaux, elle se coupa le nez, les lèvres et les oreilles. Corusculus recula d'horreur à la vue de ce visage mutilé. Saint Silvain, ajoute la légende, guérit miraculeusement Rhodène et lui rendit toute sa beauté. Peu après, Corusculus, touché lui-même de la grâce, demanda le baptême. C'est lui dont le nom est devenu saint Greluchon dans la prononciation populaire. Son tombeau se trouve dans l'église de Gargilesse ; ceux de saint Silvain et de sainte Rhodène sont dans l'église de Levroux.

5. — Le Berry sous les deux premières dynasties.

Lorsque l'Empire romain affaibli tomba sous les coups des Barbares, la Gaule et le Berry eurent le même sort. Les *Wisigoths*, déjà maîtres de l'Aquitaine, soumirent le Berry en 475, après une vive résistance. C'étaient les moins cruels et les plus civilisés des Barbares ; leur domination fut douce.

Après avoir vaincu et tué Alaric, roi des Wisigoths, à Vouillé (507), Clovis fit aisément la conquête du Berry. Les évêques, dont l'influence était considérable, favorisaient ses projets. Il venait de se convertir à la religion de Clotilde ; de plus, les Wisigoths étaient regardés comme hérétiques, parce qu'ils ne croyaient pas à la divinité du Christ.

Sous les Mérovingiens et les Carolingiens, l'histoire de notre province est très confuse. Le pays, souvent disputé, eut beaucoup à souffrir. Relativement peu nombreux, les Francs passaient comme l'ouragan, pillant et massacrant, mais sans occuper le territoire. Deux terribles fléaux vinrent, en 580, aggraver les maux des habitants. L'Allier et la Loire débordèrent et ravagèrent les campagnes voisines de leurs rives. Des arbres, des troupeaux, des villes entières, furent entraînés par le courant. Ensuite, des orages d'une violence inouïe détruisirent les récoltes.

De cette période, peu d'événements nous sont bien connus. On dit qu'en 731, *Charles-Martel* passa le Cher à *Chabris* et marcha contre Bourges dont il s'empara par suite de la trahison d'un nommé Chucian. En 762, *Pépin* entra aussi dans cette ville, après un siège meurtrier. Il s'y fit bâtir un palais et s'y installa avec sa femme Bertrade, afin de pouvoir plus facilement surveiller l'Aquitaine, toujours en révolte contre lui. Il y fonda même un atelier monétaire.

Pour diminuer l'importance de Bourges qui avait résisté à ses attaques, Pépin lui donna une rivale dans la ville d'*Argenton*. Il en fit une des places les plus fortes de cette époque et confia à sa garnison la défense de tout le pays jusqu'à la rivière du Cher.

Les *Normands* remontèrent de bonne heure la vallée de la Loire qui leur offrait l'appât d'un riche butin. Ils brûlèrent Bourges, après l'avoir pillée, en 877. Leurs incursions se renouvelèrent souvent. Ils épuisèrent tellement la contrée que, comme le dit un vieux chroniqueur, on n'aurait pas entendu un chien aboyer. A la fin, Ragenold, leur chef, consentit à s'éloigner moyennant une grosse somme d'argent.

6. — La Féodalité. — Fondation de Châteauroux.

Vers l'an 920 nous trouvons la féodalité complètement organisée. Le Berry est couvert de châteaux forts, élevés pour la défense et la protection, mais qui servirent trop souvent à l'attaque et à l'oppression.

Le vicomte de *Bourges* n'a pas un grand nombre de vassaux, parce que les immenses plaines qui entourent la ville ne sont pas favorables à l'établissement des demeures féodales. On peut cependant citer les seigneuries de *Dun-sur-Auron* et de *Mehun-sur-Yèvre*.

Les plus puissants seigneurs étaient ceux de *Déols*. Leur domaine s'étendait de la Gartempe et de l'Anglin au Cher et embrassait ainsi tout le Bas-Berry. Le premier d'entre eux est *Ebbes* qui prétendait descendre de Léocadius, le protecteur des chrétiens. En 935, le Berry fut envahi par les *Magyars*, originaires d'Asie, qui dévastaient tout sur leur passage. Ebbes se mit à la tête des habitants, réussit à refouler les barbares jusqu'à la Loire, les défit complètement dans une grande bataille, mais fut lui-même blessé à mort. Son tombeau est à Orléans. L'un de ses successeurs, *Raoul*, après avoir relevé l'abbaye de Déols ruinée par les Magyars, résolut d'éloigner sa bruyante demeure seigneuriale de celle des moines pour leur assurer le calme et la tranquillité. Dans ce pieux dessein, il bâtit, non loin de là, sur les bords de l'Indre, le *Château-Raoul* autour duquel vinrent rapidement se grouper de nombreuses habitations (952). L'agglomération est devenue dans la suite l'importante ville de *Châteauroux*.

Le plus puissant vassal du seigneur de Déols était le seigneur d'Issoudun, ville probablement très ancienne, mais dont on sait peu de chose avant le dixième siècle.

Il faut encore citer le château féodal de *Vierzon*, celui de *Sancerre*, bâti sur une colline escarpée pour résister aux pillards normands : tous deux tombèrent sous la domination d'un puissant maître étranger, Thibaud le Tricheur, comte de Blois et de Champagne.

Les châteaux de *Buzançais*, de *Châtillon*, de *Villentrois* appartinrent longtemps à un comte d'Anjou, *Foulque Nerra*, ou le *Noir*, grand batailleur, dur pour ses vassaux et ses sujets.

Le sud du Berry, ce pays montueux, tourmenté, coupé de profonds ravins, qui confine à la Marche, était par excellence la région des châteaux forts. Aussi y furent-ils nombreux et redoutables. Ceux de *Sainte-Sévère*, *Crevant*, *Sarzay*, *Cluis*, *Gargilesse*, *Châteaubrun*[1], *Crozant*[2], *Brosses*[3] étaient des forteresses presque inexpugnables, célèbres dans la France entière. Se sentant en sûreté dans leurs hautes tours, les seigneurs de ces châteaux faisaient peser sur le peuple la plus dure servitude et soutenaient contre leurs voisins des luttes sanglantes et sans cesse renaissantes.

7. — Luttes féodales.

Les terres de Sacierges[4] appartenaient au monastère de *Saint-Benoît*. Elles étaient entourées par de puissants châteaux et excitaient bien des convoitises. Ne pouvant les défendre lui-même, le prieur les avait placées sous le patronage de *Giraud*, seigneur d'Argenton, qui était en même temps vicomte de Limoges. On disait que Giraud était « l'avocat » de Saint-Benoît, un avocat qui se battait plus qu'il ne plaidait et employait la force plus que la persuasion.

---

1. Près de Gargilesse, sur la Creuse.
2. Aujourd'hui dans le département de la Creuse et sur la rivière du même nom, au point où elle entre dans l'Indre.
3. Commune de Chaillac, près des limites de la Haute-Vienne.
4. Aujourd'hui Sacierges-Saint-Martin, au sud d'Argenton.

Un jour, 140 chevaliers armés sortirent des forteresses des environs et entrèrent sur le territoire d'Argenton et sur celui de Sacierges. Ils se mirent à enlever les bestiaux, les volailles, les récoltes, à frapper de leurs lances les manants qui résistaient et même à incendier les chaumières. Giraud se trouvait alors à Limoges, mais son absence n'ôta pas le courage aux habitants d'Argenton. Quarante d'entre eux s'arment à la hâte, courent à l'abbaye pour y prendre la bannière et, aux cris de : *Saint-Benoît ! Saint-Benoît !* ils tombent sur les pillards, les forcent à reculer et à abandonner leur butin. Ils rentrèrent ensuite à Argenton où ils furent reçus avec des transports de joie.

Vers l'an 1000, le château de *Brosses* appartenait par moitié à Adhémar, fils du vicomte de Limoges, et à Hugues de Gargilesse. Jeune et beau chevalier, Adhémar était animé d'un grand courage ; mais il était cupide et plein de convoitise. Il s'accommodait mal de cette possession à deux et aurait voulu être seul maître. A la tête de ses hommes d'armes, il surprit un jour les soldats de Hugues, les chassa du château et s'y enferma. Il y fut bientôt assiégé par son adversaire et par cinq des principaux seigneurs de la contrée, mais il repoussa toutes les attaques grâce aux secours que son père lui envoya. Ce succès excita son ambition. Il songea à s'emparer de *Saint-Benoît-du-Sault.* Dans la crainte commune du nouveau maître de Brosses, les moines et les paysans de Sacierges venaient de s'y retirer et d'y rassembler leurs meubles et leurs récoltes. La maison des moines, située sur les bords escarpés d'une rivière, était une véritable forteresse. Pourtant Adhémar y entra facilement, les religieux n'ayant pas les moyens de lui résister. Mais le prévôt de l'abbaye se mit à parcourir les environs pour chercher des défenseurs. Il marcha nuit et jour, visita tous les seigneurs, leur représentant combien il était glorieux de combattre pour saint Benoît, patron de toute la contrée. Il réussit à former une puissante ligue sous le commandement de Hugues de Gargilesse qui brûlait de venger sa défaite. Les alliés étaient pleins de confiance. Tout d'abord, ils tâchèrent de se rendre le saint propice par de grands festins en son honneur. Le vin coula à flots, bien que ces libations soi-disant pieuses fussent interdites par les Capitulaires de Charlemagne et par l'Église elle-même. Ensuite, l'enthousiasme fut excité au plus haut point par un fait significatif. Pendant son sommeil, un soldat avait vu une troupe de sangliers qui fuyaient devant lui et il les perçait d'un pieu avec une grande facilité. Ce songe, sans aucun doute, s'appliquait aux circonstances : ces bêtes sauvages, c'étaient les chevaliers d'Adhémar qui devaient fuir comme un troupeau ! Avant l'assaut qui fut donné un mardi de l'an 1001, un autre prodige vint augmenter la confiance. Tandis que la campagne était inondée de lumière, Saint-Benoît-du-Sault parut plongé dans d'épaisses ténèbres. Sur quoi les assiégeants se ruèrent à l'attaque. Un chevalier, Geoffroy, surnommé l'Ane, à cause de sa force, parvint à mettre le feu au château. Le vent, qui était très violent, activa l'incendie et bientôt les assiégés furent contraints de chercher un asile dans l'église. Beaucoup périrent sous le fer des lances et des épées avant d'y arriver. Quant à Adhémar, il se réfugia à l'intérieur de la tour des cloches, puis sur le toit où, s'étant mis à courir dans sa frayeur, il fut aperçu et fait prisonnier. Poursuivant ses succès, Hugues de Gargilesse reprit le château de Brosses et rendit au prévôt tout ce que l'abbaye avait perdu.

Ainsi, l'Église avait toujours son heure. Son autorité morale, la seule qui existât alors, était grande sur les seigneurs violents, mais craintifs et superstitieux. Souvent même, la peur des châtiments éternels faisait opérer des restitutions volontaires aux abbayes et aux églises. Seul, le peuple souffrait sans espoir; victorieux ou vaincus, ses maîtres se battaient toujours à ses dépens; il était la grande victime de ces temps barbares.

8. — Eudes de Déols. — Sa guerre avec le vicomte de Bourges.

Les possessions des comtes de Déols étaient alors très étendues. *Eudes de Déols*, surnommé le *Grand*, se trouvait le seigneur le plus puissant de tout le Berry. Il agrandit encore son domaine en s'emparant du château d'Argenton (1020), le seul qui lui manquât pour être maître de tout le pays jusqu'au Cher. Il éleva, près de l'abbaye de *Massay*, un château si redoutable que le roi de France en prit ombrage. Ce prince, qui était *Robert le Pieux*, vint mettre le siège devant la forteresse, mais son entreprise échoua.

Vers l'an 1000 la détresse était à son comble : la famine, la peste, la guerre avaient dépeuplé les campagnes. On crut que la fin du monde approchait et chacun redoubla de piété et de charité dans la crainte de la mort. Eudes résolut de se rendre à *Jérusalem* afin de mériter le pardon de ses fautes par un pèlerinage au tombeau du Christ. Avec un grand nombre d'autres seigneurs, il partit par la vallée du Danube. Le retour se fit par mer et dura trois mois, de mars à juin 1027. On raconte que, dans la Méditerranée, une tempête fit courir aux voyageurs de graves dangers. Mais Eudes invoqua les saints dont il avait enrichi les églises ou les abbayes et, aussitôt, les flots se calmèrent, ce qui parut une marque évidente de la faveur divine. A Limoges, où les pèlerins devaient se séparer, une procession solennelle fut organisée en leur honneur. On les reçut avec de grandes démonstrations ; chacun voulait voir les bienheureux voyageurs qui avaient eu l'inestimable faveur de visiter les Lieux Saints.

Entre les comtes de Déols et les vicomtes de Bourges, il y avait des causes profondes de mésintelligence. Les premiers obéissaient aux comtes d'Aquitaine, les seconds reconnaissaient l'autorité du roi de France. Cette situation les opposait l'un à l'autre comme les grands vassaux s'opposaient au roi et les provinces du Nord à celles du Midi. Un conflit paraissait inévitable.

Les évêques s'efforçaient alors d'apaiser les discordes féodales qui ensanglantaient et ruinaient le pays. C'était le but de la Trêve de Dieu, mais cette bienfaisante convention n'était appliquée qu'au prix de sérieuses difficultés. Aimon, archevêque de Bourges, convoqua en une grande assemblée une foule de nobles et tous les prélats de la région. On prit les résolutions les plus pacifiques et, à l'issue de la messe, l'archevêque prononça la terrible formule de l'excommunication contre les mauvais chevaliers qui n'observaient pas la trêve de Dieu,

Cependant Geoffroy, vicomte de Bourges, avait fait construire, à *Châteauneuf-sur-Cher*, un château fort qui menaçait les possessions de son beau-frère, le comte de Déols, *Eudes le Grand*. Le fils de ce dernier, nommé *Ebbes*, tenta d'y entrer, mais il fut vaincu et tué de la main même de Geoffroy. La guerre éclata.

Chose curieuse, parmi les combattants qui, casque en tête, épée au côté et lance au poing, se rangeaient derrière la bannière de Geoffroy, nous trouvons ce même Aimon, archevêque de Bourges, qui venait de faire de si louables efforts en faveur de la paix. Beaucoup d'ecclésiastiques, fils, frères de chevaliers, avaient des âmes de guerriers et ne pouvaient contenir leur humeur belliqueuse. Les deux armées se trouvèrent en présence sur la rive gauche du Cher en 1038. Les soldats de Geoffroy, brusquement pris de panique, se débandèrent. La déroute fut sanglante, le nombre des morts considérable. Il fallait traverser la rivière où beaucoup de fuyards se noyèrent ; on retira de l'eau plus de 1 000 cadavres. L'archevêque Aimon, grièvement blessé, faillit être fait prisonnier. Châteauneuf tomba aux mains du comte de Déols.

Après sa défaite, Geoffroy, pris de remords, voulut expier le meurtre de son neveu. Il fit élever à Neuvy, dans le comté de Déols, une belle église sur le plan de l'église du Saint-Sépulcre, à Jérusalem (1042) ; de là le nom de Neuvy-Saint-Sépulcre, qui est aujourd'hui celui d'un chef-lieu de canton près de La Châtre. Ces rudes batailleurs, capables de toutes les violences, avaient parfois de généreux repentirs.

9. — La première croisade : Eudes Arpin, vicomte de Bourges.

Les pèlerinages à Jérusalem s'étaient multipliés et il y avait des pèlerins de toutes conditions : des grands seigneurs bien équipés et des pauvres gens dépourvus de tout. Des prêtres, de simples ermites, conduits par leur foi ardente, ne craignaient pas de se lancer sur l'interminable route. De ce nombre était *Erard*, natif de *Vatan*, moine célèbre par ses austérités, qui rapporta du tombeau de Jésus-Christ de touchants récits. Il fut le Pierre l'Ermite du Berry.

Eudes Arpin, vicomte de *Bourges*, n'avait point suivi l'armée des gentilshommes à la première Croisade. Mais il brûlait d'aller retrouver Godefroy de Bouillon, maintenant roi de Jérusalem, et de devenir chevalier du Saint-Sépulcre. Il connaissait les difficultés de l'expédition, l'argent qu'elle coûterait. Il vendit son vicomté au roi de France, Philippe Ier, moyennant 60 000 sous d'or qui représenteraient plus de trois millions de notre monnaie. Le roi ne partageait pas l'enthousiasme général : il ne songeait qu'à agrandir ses domaines. On loua fort le vicomte de son désintéressement, tandis que le roi fut blâmé pour son égoïsme. On n'admettait pas qu'un noble restât tranquillement sur ses terres pendant que d'autres combattaient pour le Christ, et plusieurs seigneurs, qui avaient fui la Croisade pour revenir en France, furent obligés de repartir devant l'indignation publique.

Eudes Arpin se mit en route en 1101 avec 15 000 hommes. Son armée eut le sort des précédentes. En Asie Mineure, des périls redoutables l'attendaient. Exténués par la faim et la soif, accablés par la chaleur, les compagnons d'Arpin mouraient par centaines. Survinrent les *Musulmans*. La rencontre fut désastreuse pour les chrétiens. Les chefs furent obligés d'abandonner aux ennemis la foule des enfants, des femmes, des malades sans défense. Puis, leurs guides les trahirent et ils furent dépouillés de ce qu'ils possédaient de précieux. Ils étaient hors d'état de combattre quand ils arrivèrent à Antioche. Là régnait un prince français, Tancrède. Les croisés y reçurent une magnifique hospitalité qui leur permit de réparer leurs forces et de repartir. Ayant été averti de leur approche, Godefroy de Bouillon vint les attendre jusqu'à Beyrouth et les conduisit au terme du voyage.

Eudes Arpin séjourna quelque temps à Jérusalem. Il s'y trouvait encore lorsque Godefroy mourut, laissant le trône à son fils *Baudouin*, et il prit une part active à la défense du royaume. Un jour, une foule innombrable de cavaliers turcs vint attaquer la petite armée des chrétiens. Eudes prévoyait la défaite; il conseilla une retraite prudente. Mais Baudouin lui répondit avec mépris : « Si tu as peur, tu peux retourner à Bourges! » Le combat s'engagea; ce fut une victoire complète pour les infidèles. Baudouin s'échappa à grand'peine et Eudes Arpin, qui s'était battu comme un lion, resta aux mains des ennemis.

Le vicomte de Bourges souffrit longtemps dans les cachots. Enfin il réussit, on ne sait comment, à intéresser à son sort l'empereur de Constantinople Alexis, qui obtint sa mise en liberté. Il put s'embarquer pour la France. Arrivé en Italie, il alla se jeter aux pieds du pape Pascal II. « Mon fils, lui dit celui-ci, vous voilà sanctifié par vos épreuves et vos souffrances. Prenez garde dé vous laisser séduire par le monde et ses tentations. » De retour à Bourges qui n'était plus à lui, Eudes Arpin se souvint des pieuses exhortations du pape. Il se fit moine de la célèbre abbaye de Cluny. Comme beaucoup d'autres nobles de ce temps, il avait tout sacrifié à la foi chrétienne.

10. — Louis VI le Gros et Louis VII le Jeune.

Louis VI, le Gros, vint à plusieurs reprises en Berry pour combattre les seigneurs. L'un des plus redoutables était *Humbaud*, de *Sainte-Sévère*. Le vol, le pillage, l'incendie, lui étaient familiers. Derrière les hautes et épaisses murailles de son château, il se croyait à l'abri de toute atteinte. Mais ses vassaux se plaignirent à Louis VI, qui résolut de le châtier.

Humbaud vint attendre l'armée du roi. Il s'établit sur le bord d'un cours d'eau : l'Indre, à ce qu'on suppose, en face d'un gué que les troupes royales devaient traverser, et se fortifia. Sans tenir compte des représentations de ses gens, Louis pénétra dans le camp de ses adversaires, défit et jeta dans la rivière deux chevaliers qui l'attaquaient. Ses compagnons accoururent et Humbaud fut forcé de battre en retraite. Il restait à faire le siège de Sainte-Sévère ; mais, craignant un châtiment exemplaire, la garnison ouvrit ses portes. Humbaud fut enfermé au château d'Étampes (1108).

Louis vainquit aussi : Aymon, seigneur de Germiny, qui avait usurpé les biens de son neveu en bas âge; le seigneur de *Saint-Brisson*, redoutable bandit des bords de la Loire. Mais, déjà malade pendant cette dernière expédition, il mourut à Montereau, avant d'avoir pu atteindre Paris.

Six mois après, son fils, Louis le Jeune, se fit couronner à Bourges. Le début de son règne fut marqué par des démêlés avec le pape, au sujet de la nomination de l'archevêque de cette ville. Le roi et le pape avaient chacun leur candidat et ne voulaient céder ni l'un ni l'autre. Louis VII, excommunié, finit par se soumettre.

En 1145, une croisade fut prêchée à Bourges, mais sans succès : le zèle des chrétiens s'était bien refroidi depuis le temps d'Arpin! Il fallut que saint Bernard, l'homme le plus éloquent de son siècle, prêchât de nouveau à Vézelay. A la voix du moine illustre, des milliers de chevaliers se croisèrent.

A son retour de Palestine, Louis VII répudia Éléonore, qui épousa le roi d'Angleterre en lui apportant en dot toute l'Aquitaine, qui comprenait la partie du Berry située sur la rive gauche du Cher. C'est ainsi que les puissants comtes de Déols devinrent les ennemis du roi de France. Il s'ensuivit une guerre dans laquelle La Châtre, Châteaumeillant, Déols, Cluis, furent brûlés.

Dès ce moment, la guerre était inévitable entre le roi de France et le roi d'Angleterre. Celui-ci prétendit que Bourges faisait partie de son domaine. Il réclama aussi la tutelle de la jeune *Denise de Déols*, dont le père, Raoul, venait de mourir. L'oncle de la jeune fille, Eudes, la conduisit dans son château de La Châtre, contre lequel marcha Henri

Court-Mantel, le fils du roi d'Angleterre. Ce prince prit Châteauroux et ne put aller plus loin. Mais son père, Henri II, s'avança bientôt jusqu'à La Châtre. Se voyant le plus faible, Eudes rendit la jeune Denise.

Les seigneurs d'Issoudun offrirent à Henri la tutelle du fils de leur comte ; la mère de l'enfant, Mahaud de Bourgogne, leur paraissait indigne d'en être chargée.

Louis VII et Henri II eurent une conférence à *Graçay*, où ils essayèrent vainement de régler leurs différends (1176). Le roi de France mourut peu après, protestant contre la mauvaise foi de son rival et adjurant son fils de soutenir vaillamment sa cause.

11. — Philippe-Auguste. — Les Routiers en Berry.

La lutte reprit sous Philippe-Auguste. Elle dura vingt ans et se termina par le triomphe du roi de France.

Étienne de Sancerre, l'un des seigneurs les plus aventureux de l'époque, avait refusé à Philippe l'hommage qu'il lui devait. Pour le combattre, le roi fit appel aux *Routiers*, qui ravagèrent tout le pays. C'étaient des soldats de métier, plus à craindre pendant la paix que pendant la guerre. Ils attaquaient à la fois les chaumières et les châteaux, pénétraient dans les églises et les monastères, faisaient main basse sur tout ce qu'ils trouvaient de précieux, brisant avec leurs haches ce qu'ils ne pouvaient emporter. Ils insultaient et massacraient les femmes, égorgeaient les enfants lorsqu'ils n'étaient pas satisfaits du butin. Les Routiers inspiraient une terreur extrême ; tout fuyait à leur approche. Cependant, un simple charpentier du Puy-en-Velay, nommé *Durand*, eut l'idée de grouper tous les hommes de bonne volonté pour s'opposer par la force aux ravages de ces brigands. A la voix du pauvre charpentier, une véritable armée se leva tant en Auvergne qu'en Limousin et en Berry. Les Routiers étaient alors à *Dun-le-Roi*. Bon gré, mal gré, le seigneur du lieu avait dû les recevoir dans son château. Quand il vit approcher les compagnons de Durand, il engagea ses hôtes à combattre, promettant de les secourir. Mais, dès que l'action fut engagée, il sortit avec ses hommes d'armes et attaqua les Routiers par derrière. Cette trahison causa leur ruine totale : 17 000 périrent (20 juillet 1183). L'un de leurs chefs, Raymond Brun, échappa au massacre, mais on l'assiégea dans Châteauneuf-sur-Cher où il fut tué.

La guerre recommença bientôt entre la France et l'Angleterre. Parti de Bourges, le roi de France prit Graçay, Issoudun et attaqua *Châteauroux*, place très forte et bien gardée. Obligé de lever le siège par l'arrivée de *Richard Cœur de Lion*, il fut plus heureux l'année suivante. Il entra dans la ville (1188) et en confia la garde à *Guillaume des Barres*, brave chevalier du Berry, dont le fils devait se distinguer à Bouvines. Il occupa encore *Argenton, Buzançais* et *Levroux*. Mais on était vers la fin de septembre. Les paysans qui servaient dans son armée voulurent regagner leurs demeures pour les travaux des vendanges et les hostilités furent suspendues. D'ailleurs, les deux rois allaient partir pour la croisade.

A son retour, Richard Cœur de Lion envoya en Berry un terrible chef de routiers, *Mercadier*, qui incendia les faubourgs d'*Issoudun* et s'empara du château, dont il augmenta encore les fortifications. C'est à lui qu'on attribue la construction de la *Tour Blanche*, qui domine la Théols.

Philippe et Richard se rencontrèrent entre Issoudun et Charost et ils négocièrent un arrangement peu durable.

Dès cette époque, la cité de *Vierzon* était prospère. La campagne, aux environs, était riante et fertile. Par le Cher, les bateaux arrivaient chargés de marchandises et repartaient avec les produits du pays. Des richesses considérables s'étaient amassées qui excitaient l'envie de Richard Cœur de Lion. Or, Guillaume, seigneur de Vierzon, cessa de lui rendre hommage. Richard entra dans la ville, la mit au pillage, l'incendia et se retira en emportant un riche butin. Mais il fut tué quelque temps après au siège de Chalus, en Limousin (1199). Son successeur, Jean sans Terre, abandonna toutes ses possessions du Berry au roi de France.

On le voit, Philippe-Auguste avait bien soutenu la lutte que lui avait laissée son père.

12. — Saint Louis. — Les Pastoureaux.

Plusieurs seigneurs du Berry suivirent saint Louis en Égypte; l'un d'entre eux, *Gaucher de Châtillon*[1], s'y rendit célèbre par ses exploits. A la bataille de Mansourah (1250) il se couvrit de gloire. Commandant l'arrière-garde, il fut soudain entouré

---

[1] Aujourd'hui Châtillon-Coligny (Loiret).

par les Turcs. Presque tous ses compagnons étaient tués et Gaucher résistait encore, donnant de furieux coups d'épée. Par trois fois, il força les ennemis à reculer. À la fin, il succomba, accablé par le nombre. Un musulman lui coupa la gorge et s'empara de son cheval. On sait que Louis lui-même tomba aux mains des infidèles.

La captivité du saint roi jeta la consternation parmi le peuple de France. Sous prétexte d'aller le délivrer, une armée de plus de cent mille hommes se leva. Elle était composée de gens peu recommandables, dissolus et pillards, qu'on appela les *Pastoureaux*. Le chef était un ancien moine, nommé Job ou le *Maître de Hongrie*, assez instruit pour parler avec facilité le français, l'allemand et le latin. Il prêchait avec ardeur la suppression des ordres religieux, le massacre des prêtres et des moines et le pillage de tous les temples.

Après avoir mis à sac la ville d'Orléans, les bandes du Maître de Hongrie marchèrent sur Bourges qui, malgré les efforts du clergé, leur ouvrit ses portes.

Les Pastoureaux commencèrent par visiter les synagogues et faire main basse sur les richesses qui s'y trouvaient. Quoiqu'ils fussent persécutés et souvent dépouillés, les *Juifs* réussissaient, grâce à leur habileté dans le commerce, à constituer de véritables fortunes. Une notable partie du négoce dans les principales villes de la région était entre leurs mains : on trouve à Bourges, à La Châtre, à Sancerre, ailleurs encore, la rue des Juifs ou de la Juiverie; à Vierzon, une dérivation de l'Yèvre est appelée Bras du Jourdain, en mémoire du fleuve de la Judée.

Les Pastoureaux tenaient Bourges dans la terreur. Mais un jour que le Maître de Hongrie prêchait devant une foule immense et prétendait renouveler des miracles qu'il disait avoir déjà maintes fois accomplis, l'auditoire se mit à murmurer. Un garçon boucher s'approcha de lui et le tua d'un coup de hache. Son corps fut jeté aux bêtes. Leur chef mort, les Pastoureaux se hâtèrent de quitter la ville, poursuivis par le peuple. Ils furent vaincus dans une bataille décisive entre *Monthomier* et *Villeneuve-sur-Cher.* Leur souvenir fut associé, dans l'esprit des habitants du Berry, à celui des Routiers dont nous connaissons les sanglants méfaits.

13. — La guerre de Cent ans.

La guerre de Cent ans soumit le Berry à de grands dangers et à de dures épreuves. Notre province connut alors de mauvais jours ; elle aurait pu se croire revenue à la sombre époque mérovingienne.

D'abord, le désastre de Crécy (1346) jeta le deuil dans les principales familles nobles du pays. *Louis de Sancerre* et *Jean de Luxembourg*, roi de Bohême, seigneur de Mehun-sur-Yèvre, y tombèrent vaillamment. Celui-ci était aveugle. Il fit attacher son cheval à ceux de ses compagnons d'armes, après quoi tous ensemble marchèrent à l'ennemi et trouvèrent une mort glorieuse quoique inutile à leur pays.

Puis, un violent incendie consuma Bourges (1353). Les maisons, bâties en bois, furent presque toutes la proie des flammes. *L'église Saint-Étienne,* qui venait d'être achevée, le palais de l'archevêque,

quelques autres constructions en pierre, échappè-
rent seuls à la destruction.

Bientôt, on apprit que le *Prince Noir* approchait
après avoir dévasté l'Auvergne et le Bourbonnais.
Il vint mettre le siége devant Bourges, brûla les
faubourgs et attaqua l'enceinte qui, vaillamment
défendue, résista. Mais il se trouva dans la ville un
mauvais Français qui n'eut pas honte de favoriser
l'ennemi. Cet homme se nommait *Perrot Monein*.
Il possédait, près de l'Auron, une maison par laquelle il tenta d'introduire les assiégeants dans la
place. Toutefois le complot fut découvert à temps.
Un combat acharné eut lieu et les Anglais furent
repoussés (1356). Le traître eut la tête tranchée.

Les Anglais levèrent le siége et marchèrent
contre *Issoudun*. Les nobles et les bourgeois, qui
attendaient l'ennemi, faisaient bonne garde et,
malgré une attaque furieuse, la ville ne put être
prise. Même échec à *Châteauroux*, où le prince
anglais réussit bien à incendier la ville, mais où il
ne put triompher de la résistance du château. Reve-
nant sur ses pas, il attaqua à l'improviste la place
de *Vierzon* dont les fortifications étaient en mauvais état et y entra presque sans coup férir. Il y
fit un énorme butin et y laissa reposer son armée.

Le roi Jean s'apprêtait à couper la retraite aux
Anglais et s'avançait sur la route de Bordeaux. En
apprenant cette nouvelle, le Prince recula précipi-
tamment, mais il rencontra son adversaire à *Poitiers*
(1356) et dut accepter le combat. Ce fut encore un
désastre pour la chevalerie française. Aux côtés
du roi Jean, de vaillants seigneurs du Berry furent tués par l'infanterie anglaise. Citons, entre
beaucoup d'autres : *Louis de Brosse*, seigneur de

Sainte-Sévère, *Guillaume de Lignières*, *Jean de Cluis*. Plusieurs furent faits prisonniers comme le roi lui-même et il fallut réunir de grosses rançons pour qu'ils obtinssent leur liberté.

Pendant qu'oublieux de son royaume, Jean menait à Londres une vie de plaisirs, l'anarchie et le désordre étaient extrêmes en Berry. Les Anglais possédaient, entre autres localités, *Vierzon*, *Aubigny*, *Palluau*, *Buzançais*, *Chabris*, *Briantes*, *Saint-Amand*. Ils vivaient sur les campagnes environnantes et se livraient à d'incessantes déprédations. Ceux qui étaient chargés de les combattre n'employaient eux-mêmes pas d'autre moyen pour subsister. Tout le monde pillait : les Anglais, les seigneurs, les armées du roi. Le sire de *Sarzay*, *Guillaume de Barbançois*, lève quelques vingtaines de lances soi-disant pour combattre les Anglais qui étaient maîtres de Briantes et de Lys-Saint-Georges. Mais il en profite pour entrer dans *La Châtre* et faire main basse sur tout ce qui s'y trouvait.

Dans cette extrême détresse, il ne fallait guère compter sur un secours du dehors. En plusieurs points du Berry, les habitants, nobles, bourgeois, paysans, se réunissent pour résister aux envahisseurs par leurs propres moyens. C'est à Issoudun et à Bourges que l'on trouve surtout ces groupements fraternels dans lesquels nous voyons germer un sentiment tout nouveau, le *patriotisme*.

14. — Charles V.
Sièges de Sancerre et de Brosse. — Duguesclin à Sainte-Sévère.

La guerre co.....nua sous Charles V; mais, mieux conduite, elle fut plus heureuse.

Les *grandes Compagnies*, formées d'aventuriers indisciplinés, occupaient La Charité-sur-Loire d'où elles dévastaient le pays. Leur chef, *John Aymery*, chevalier anglais, tomba dans une embuscade et il dut verser 30000 francs pour sa rançon. Mécontent de l'aventure, il résolut d'entrer à *Sancerre* dans l'espoir de recouvrer et au delà ce qu'il venait de perdre. Ayant été découvert, son projet échoua. Arrivé devant la ville, Aymery fut attaqué par derrière, blessé et pris. Il mourut dans le château. Bon nombre de ses soldats eurent le même sort (1365).

Le seigneur de *Châteauroux*, *Guy de Chauvigny*, se soumit au roi de France lorsque la guerre recommença avec les Anglais (1369). Le *Prince Noir*, pour l'en faire repentir, s'avança à la tête des chevaliers poitevins, contre son château de Brosse. C'était l'une des plus redoutables forteresses d'alors et qui se trouvait bien gardée. Pourtant, après une attaque acharnée, le prince y entra, fit pendre seize des défenseurs, emmena les autres avec le butin qu'il put emporter et fit démolir les murailles.

Les Anglais étaient maîtres de *Sainte-Sévère* dont le château passait pour imprenable. *Duguesclin* vint l'assiéger. Le rusé connétable commença par en faire le tour, accompagné seulement de quelques hommes d'armes, plaisantant avec les défenseurs qui le regardaient sans le reconnaître. S'étant rendu compte de la force de la place, il redouble de précautions. Dans son armée se trouvait un chevalier breton dont le vrai nom n'est pas parvenu jusqu'à nous. On l'appelait *Alain Taillecol* à cause de son habileté à abattre les têtes, ou bien *l'abbé de Malepaye*, parce qu'il avait d'abord appartenu à l'état ecclésiastique et, aussi, parce qu'il lui arrivait de ne pas payer ses dettes. Taillecol proposa que tout homme d'armes qui abandonnerait le combat avant d'être grièvement blessé aurait la tête coupée, ce qui fut décidé et porté à la connaissance de tous.

L'assaut eut lieu avant le moment fixé par Duguesclin. Un chevalier, Geoffroy Payen, laissa tomber sa hache au fond du fossé. Il descendit la prendre avec l'aide de ses compagnons qui, se tenant par la main, formaient avec lui une chaîne sur la pente de la tranchée. Les Anglais riaient et lui lançaient quelques traits malgré ses supplications. Furieux, il demanda un pic et se mit à attaquer la muraille. De tous côtés des échelles furent dressées et une grêle de flèches partirent de chaque armée.

Les chefs français, qui étaient à table, renversèrent les plats et accoururent. L'abbé de Malepaye monta le premier à l'assaut, mais il fut précipité sur le sol. Les Anglais se défendaient avec courage. Les pierres, la chaux vive, l'eau bouillante, les torches de foin enflammées tombaient dru sur les assaillants. Ceux-ci mouraient de soif et commençaient à se décourager. Par ordre de Duguesclin, tous les tonneaux qu'on put trouver furent amenés et défoncés à coups de hache. Les hommes d'armes burent à longs traits le vin clair que produisaient les côteaux voisins et ils se sentirent ranimés. La lutte reprit, plus vive que jamais. Alain Taillecol ouvrit avec un pic une brèche par laquelle il entra, mais les Anglais le saisirent par son casque et l'attirèrent à l'intérieur. Ce que voyant, les Français le retinrent par les pieds; le pauvre chevalier, rudement tiraillé, resta finalement aux Français. Ses blessures à peine pansées, il courut de nouveau au combat. Il réussit à pénétrer dans la place et mit le feu au magasin à fourrage. Un grand nombre de soldats anglais se précipitèrent pour éteindre l'incendie et abandonnèrent leur poste sur les remparts. L'assaut général, ordonné alors, réussit, grâce à cette diversion. Le butin fut considérable (1372).

Cependant le *capital de Buch* approchait à marches forcées pour secourir la place et Duguesclin s'apprêtait à le combattre. Mais, à une dizaine de lieues, il rencontra des chevaliers anglais, mis en liberté sur parole, avec leurs femmes et leurs enfants. Comprenant qu'il arrivait trop tard, il s'éloigna en maudissant le connétable.

Un grand nombre de gens du pays, las d'être pillés, avaient fait cause commune avec les Anglais qu'ils croyaient pour toujours les maîtres. Duguesclin résolut de faire un exemple. Quatre cents d'entre eux furent pendus aux arbres d'un champ voisin connu, alors comme aujourd'hui, sous le nom de *Champ Ageny*. Un tel acte étonne de la part de celui qu'on a surnommé le bon connétable, mais on ne doit pas oublier que les mœurs des hommes d'armes étaient rudes et que la France luttait pour son indépendance. Il fallait à tout prix décourager les partisans de l'étranger.

15. — Expédition de Charles VI en Berry.

La faiblesse d'esprit de Charles VI livra le royaume aux intrigues de ses oncles. Bientôt éclata

la guerre civile des Armagnacs et des Bourgui-
gnons qui n'était, au fond, qu'une lutte du Nord
contre le Midi. Le duc de Bourgogne, *Jean sans
Peur*, avait pour lui le roi, mais le *duc de Berry*,
chef des Armagnacs, s'appuyait sur les Anglais
qui lui avaient promis par le traité de Bourges
(1412) une armée de 8000 hommes.

Au printemps de 1412, le roi et le duc de Bourgogne allèrent prendre à Saint-Denis la célèbre
bannière qu'on appelait l'*oriflamme*, si souvent
déployée dans les luttes contre l'étranger et, tous
deux, suivis d'une nombreuse armée, s'avancèrent
vers le Berry. Ils s'arrêtèrent à La Charité parce
que le roi venait d'être blessé d'un coup de pied de
cheval. Ils firent garder le pont de la Loire, dres-
sèrent un gibet pour effrayer ceux qui détroussaient
les marchands, promirent de payer comptant les
denrées des paysans, et défendirent aux hommes
d'armes de ruiner les particuliers et les villes : ils
avaient résolu de ne pas appauvrir la terre qu'ils
allaient conquérir.

Bientôt, ils arrivèrent à *Nérondes* et firent sommer de se rendre la garnison de *Fontenay* qui se
trouvait non loin de là. La forteresse était défendue par Robert de Fontenay qui avait promis
de résister jusqu'à la dernière extrémité. Mais,
quand il vit l'armée ennemie entreprendre le siège,
Robert se rendit au camp royal, se mit à genoux
devant Charles VI, lui présenta les clefs et demanda pardon. On lui accorda la vie.

La résistance fut sérieuse à *Dun-le-Roi*. Cette
ville était alors la seconde de toute la province par
sa population. Bien fortifiée, elle était, de plus,
défendue par 400 valeureux chevaliers gascons ou

lombards. *Henri d'Ast* qui les commandait prit ses dispositions de combat. Le siège fut entrepris. L'armée du roi était bien pourvue d'artillerie. La ville fut entourée de batteries. Devant la porte principale, on plaça une énorme pièce appelée la *Griète* qui lançait de grosses pierres. Vingt hommes la manœuvraient, non sans danger pour leur vie. La Griète démolit complètement une grosse tour et un grand nombre de maisons, pendant que les pièces plus petites ouvraient des brèches dans les remparts.

Voyant que le courage des assiégés n'était pas ébranlé, les ingénieurs de l'armée royale firent entasser dans un immense chariot les corps de tous les animaux morts que l'on put trouver. Roulé vers les murailles, ce foyer de pestilence éloigna les défenseurs. On s'aperçut pourtant que l'odeur fétide qui s'en dégageait nuisait à ceux du dehors comme à ceux du dedans. Il fallut songer à l'assaut général que l'on annonça; les chevaliers devaient se procurer huit fascines, les écuyers quatre pour combler les fossés.

Henri d'Ast avait compté sur un secours qui ne venait pas. Il demanda à sortir « vies et bagues sauves », comme on disait alors. On exigea qu'il se rendît à discrétion. Mais le duc de Berry fit offrir au roi sa bonne ville de Dun, à condition que la garnison serait épargnée. Charles VI se montra clément et accepta ces conditions. Il eut, dit-on, beaucoup de peine à garantir Henri d'Ast et la brave garnison contre la fureur de ses propres soldats qui voulaient tout passer au fil de l'épée.

Après une violente tempête qui arracha et déchira les tentes, détrempa le sol, on reprit la marche en avant et on ne tarda pas à se trouver devant Bourges. Un siège long et pénible commença. Il semble que les assiégeants aient beaucoup souffert de la température et du manque de vivres. On était au mois de juin et la chaleur était accablante. En pays ennemi, les ravitaillements étaient difficiles, les convois souvent capturés. Et puis, le roi manquait d'argent. Les assiégés faisaient des sorties fréquentes et, derrière leurs solides murailles, déflaient tous les efforts de leurs adversaires. Les puits qui fournissaient l'eau se trouvèrent empoisonnés, ce qui causa la mort d'un grand nombre d'hommes.

Toutefois plusieurs défections venaient de se produire dans la province : Issoudun s'était soumis, les seigneurs de Châteauroux et de Lignières étaient venus se ranger sous les bannières royales. De son côté, la Griète avait fait des siennes. Dirigée contre le palais du duc de Berry, elle le transforma en ruines; en vain le duc changea-t-il souvent de demeure. Avertis par des espions, les canonniers détruisirent toujours promptement celle où il se trouvait.

Mais alors un mal terrible, qui entraînait toujours la mort et qui était très contagieux, se mit dans le camp royal. Il était causé par les cadavres en putréfaction de soldats laissés sans sépulture. Ce nouveau danger entraîna tant de désertions que l'on en vint, la lassitude étant d'ailleurs grande des deux côtés, à souhaiter la paix.

Une entrevue fut ménagée entre les ducs de Berry et de Bourgogne. Ils se rencontrèrent dans les marais qui entourent la ville, sur le pont du canal. Des barrières en bois les séparaient et des hommes d'armes étaient à quelque distance, prêts à accourir au moindre appel : on craignait des violences. Après une longue discussion la paix fut signée. Le roi entrerait à Bourges, mais ses troupes n'y commettraient aucun dégât.

On apprit alors que 8000 Anglais qui devaient secourir la ville avaient assiégé *Montrond* et s'étaient emparés d'*Orval*. On dut leur promettre, par le traité de *Buzançais*, une forte somme pour qu'ils consentissent à s'éloigner.

16. — Charles VII.

Charles VII doit beaucoup au Berry. Quand il n'était que Dauphin, renié par sa mère, frustré de son héritage, il avait trouvé asile à Bourges. La province lui témoigna, pendant les tristes jours de sa jeunesse, une fidélité à toute épreuve. Il vivait dans une véritable gêne : le chapitre de Saint-Etienne lui fournissait le poisson nécessaire à sa table et, longtemps, il lui fut impossible de solder sa dette. Le titre de « roi de Bourges », qu'on lui donnait par dérision, doit être retenu par tous les habitants du Berry, comme un témoignage d'attachement inébranlable à une cause qui était non seulement celle du souverain légitime, mais encore celle de la France.

Le Dauphin était à Mehun-sur-Yèvre quand on vint lui annoncer la mort de son père et la proclamation de Henri VI comme roi de France et d'Angleterre. Au nombre des seigneurs qui reconnurent Charles VII se trouvaient tous ceux du Berry. Plusieurs devaient s'illustrer : citons, entre autres, *Guillaume d'Albret*, seigneur d'Orval, de Bruères, de Saint-Amand ; *Jean de Brosse,* seigneur de Sainte-Sévère, plus connu sous le nom de *maréchal de Boussac* ; Louis de Culan, amiral de France, et son neveu, le maréchal *Philippe de Culan* ; le grand panetier Jean de Naillac, seigneur du Blanc et de Châteaubrun ; le *connétable de Richemond,* Breton de naissance, mais qui possédait Dun-le-Roi.

En 1423, naquit à Bourges le dauphin qui devait être plus tard Louis XI. Il fut allaité par une pauvre femme de cette ville, nommée Jeanne Pourponne, que le titre de nourrice royale n'empêcha pas de tomber dans la misère. Charles VII a été ingrat envers ses meilleurs serviteurs.

Ce prince, très insouciant, ne songeait pas à reconquérir son royaume. Pourtant, en 1425, il réunit les Etats généraux à Mehun-sur-Yèvre. Les députés ne demandèrent pas mieux que de voter des subsides pour aider la royauté, mais ils élevèrent des doléances très vives sur la misérable condition des sujets sans cesse dépouillés par les hommes d'armes. Un évêque, *Comberel,* s'était chargé de faire entendre ces plaintes. Il parla avec tant d'énergie que le sire de *Giac,* favori du roi, parlait de le faire jeter dans la rivière.

Ce sire de Giac passait pour exercer une mauvaise influence. On disait qu'il ne cherchait qu'à prolonger l'existence molle et inactive où se plaisait le prince, qu'au lieu d'employer aux affaires l'argent des tailles, il le dépensait à de coûteuses réjouissances. Faute de ressources, le connétable de Richemond avait dû abandonner le siège d'une place de Normandie. Il se forma contre le sire de Giac un complot et sa perte fut résolue. Le connétable, qui était son ennemi personnel, se chargea de l'exécution. Le roi et sa suite se trouvaient à Issoudun. La maison que Giac habitait fut cernée de grand matin, lui-même enlevé tout en chemise et conduit à Dun-le-Roi. On lui fit un procès. On lui reprochait des crimes atroces. En outre, il avait, disait-on, des intelligences avec le diable, à qui il avait promis l'une de ses mains. Il subit le dernier supplice malgré ses larmes et ses prières. Le roi n'essaya pas de le sauver, tant son caractère était faible! Il eut bientôt un autre favori.

Cependant, le parti de l'action l'emportait. Charles VII venait de se réconcilier avec le duc de Bourgogne qui avait été pour les Anglais un allié puissant, et Jeanne d'Arc allait sauver la France. La bonne Lorraine résida à Bourges fréquemment. C'est de là qu'elle partit pour faire sacrer le roi à Reims, pour assiéger La Charité, vrai repaire de pillards, et enfin, pour diriger une dernière expédition, celle qui causa sa captivité et son martyre. Elle habitait chez *Marguerite La Touroulde* et les pauvres gens venaient à elle, la priant de toucher des croix, des médailles, des chapelets, afin que ces objets leur portassent bonheur. Mais elle se mettait à rire et disait à Marguerite : « Touchez-les vous-même et cela vaudra tout autant. » Une dame, *Catherine de La Rochelle*, vint la trouver, lui racontant qu'elle avait aussi des visions. Jeanne lui conseilla simplement de retourner auprès de son mari et de ses enfants. Le bon sens de l'admirable fille égalait son héroïsme.

Si oublieux que se fût souvent montré le roi, il se souvint cependant, lorsqu'il eut recouvré son royaume, de l'hospitalité qu'il avait trouvée en

Berry dans ses jours de malheur. En 1437, il accorda aux habitants de Bourges le privilège, alors très rare, d'acquérir et de conserver des biens nobles sans être inquiétés et sans payer au roi d'indemnité. A cette occasion, il leur écrivit qu'il gardait le souvenir de la loyauté et de l'obéissance de ses bien-aimés bourgeois et manants de Bourges. Il rappelait que ses sujets de Berry l'avaient toujours secouru de leurs personnes et de leurs biens, sans aucune difficulté ni refus.

17. — Jacques Cœur.

Jacques Cœur naquit à Bourges, vers la fin du quatorzième siècle, d'un marchand pelletier. Par sa situation dans un pays fertile, par les séjours fréquents qu'y faisaient les rois, la ville de Bourges était alors le centre d'un commerce actif. L'enfant grandit au milieu du négoce. Il en prit le goût et y excella. Son génie conçut un hardi projet, celui de rivaliser en Orient avec les marchands vénitiens et génois. L'Asie Mineure était le pays des grandes transactions. Jacques s'établit à Montpellier. Des ports voisins partaient ses vaisseaux qui sillonnaient la Méditerranée, emportant des toiles, des fers, des armes, des vins et ramenant des soies, des cuirs, des épices, de riches tapis. Bientôt, tout l'Orient connut Jacques Cœur grâce à sa bonne foi et à sa loyauté, ces qualités essentielles du négociant. Il amassa une fortune colossale. On disait : « riche comme Jacques Cœur. »

Jacques Cœur devint *argentier* du roi : il avait la mission ingrate de faire vivre Charles VII et sa suite qui se trouvaient dans le dénuement. Il sut bien employer l'argent des tailles, mit de l'ordre et de l'économie dans les finances. Le premier, il eut l'idée de dresser un état des ressources et des dépenses. Les pièces de monnaie qu'il faisait frapper avaient toujours le poids et le titre exacts, chose rare alors, et leur valeur ne variait pas. Elles jouirent d'une grande faveur. Mais les revenus du roi étaient minces et ses besoins énormes.

Il fallait beaucoup d'argent pour les expéditions militaires et les coffres étaient vides. Le moment était favorable pour reprendre la Normandie aux Anglais, mais ce projet exigeait une forte somme. Dans cet embarras, Jacques Cœur alla trouver le roi. « Sire, lui dit-il, tout ce que j'ai est à vous », et il lui avança 200,000 écus qui vaudraient aujourd'hui 7 millions environ. Aussi, après la conquête de cette province, lorsque Charles VII fit son entrée à Rouen, Jacques Cœur figurait, en riche costume, dans le cortège et marchait à côté du vaillant Dunois, après le sire de Culan. Il fut même chargé de négociations politiques à Gênes et à Rome et s'en acquitta avec succès.

Jacques s'était fait construire à Bourges, où avaient toujours résidé sa femme et ses enfants, un magnifique hôtel qui est aujourd'hui le Palais de Justice ; il possédait de somptueuses demeures dans plusieurs villes, d'immenses domaines, des métaux précieux. Il était libéral et usait largement de sa fortune.

Ses richesses, les honneurs dont il jouissait, sa popularité, ses grandes dépenses excitèrent bien des jalousies. Les nobles voyaient avec dépit ce bourgeois parvenu tenir tant de place, les marchands prétendaient ne plus rien pouvoir vendre depuis que Jacques Cœur faisait du commêrce. Ils disaient hautement que, s'il était si riche, c'est qu'il avait volé son souverain. Un financier italien de l'entourage du roi convoitait la charge d'argentier et propageait ces mauvais propos.

Charles VII ne savait rien refuser à ses familiers. Il prêta l'oreille aux ennemis de Jacques Cœur, sans égards pour les bienfaits qu'il en avait reçus. Sa cupidité y trouvait son compte : il se disait que la perte de ce riche sujet le libérerait des dettes qu'il avait contractées envers lui. Beaucoup de grands seigneurs devaient de grosses sommes à l'argentier et faisaient le même calcul.

Jacques Cœur fut donc arrêté. On lui intenta un procès injuste au cours duquel il se vit refuser un défenseur. Malgré la futilité des accusations, il s'entendit condamner à la détention perpétuelle et à la confiscation de tous ses biens au profit du roi. Les meubles qu'il possédait à Bourges se vendirent à la criée, mais pas un seul habitant de la ville ne mit aux enchères.

Grâce à un ami fidèle, Jean de Village, Jacques Cœur put s'évader de Beaucaire où il était emprisonné et arriver jusqu'à Rome. Le pape lui donna asile dans son palais et le combla d'honneurs. Nous le trouvons, plus tard, investi par le souverain pontife d'une haute dignité. Les Turcs venaient de s'emparer de Constantinople (1453) et menaçaient la chrétienté. Jacques Cœur fut chargé de réunir des vaisseaux et de les armer contre les infidèles. Il mourut, à la tête de cette expédition, dans l'île de Chio (1456), recommandant ses enfants au roi qui les avait réduits à la misère.

Jacques Cœur avait montré ce que peuvent l'intelligence et l'esprit d'initiative. Sa belle devise : « A vaillant cœur, rien d'impossible » mérite d'être conservée. Si son exemple eût été suivi, le commerce extérieur de la France serait devenu florissant, mais il eût fallu beaucoup de courage pour s'exposer à ses infortunes. La condamnation de Jacques Cœur déshonore la mémoire de Charles VII.

18. — Louis XI.

Le Berry ne fut pas heureux sous ce roi. On disait que Louis avait essayé d'y exciter des troubles lorsqu'il était rebelle à son père. Ses desseins pervers avaient échoué, et il en gardait rancune.

Pourtant, au début de son règne, il fonda à Bourges une *Université*. Il se montra toujours favorable à l'instruction et, d'ailleurs, il n'était pas fâché de diminuer l'importance de l'Université de Paris dont les nombreux étudiants étaient souvent indisciplinés.

Le Berry fit partie de la Ligue du *Bien public*. Il existait entre Bourges et Issoudun une rivalité commerciale très vive. Les rois avaient favorisé Bourges en accordant des privilèges et des franchises aux marchands qui s'y rendaient. Depuis, les foires d'Issoudun étaient presque abandonnées au grand dommage des habitants. Dès que Bourges eut pris parti pour les révoltés, Issoudun envoya des délégués au roi. Ils ne manquèrent pas de faire valoir la fidélité inébranlable de leur ville et ils obtinrent des privilèges égaux à ceux de Bourges.

Peu après, parut Louis XI, à la tête d'une forte armée. Il entra sans coup férir à *Déols* et à *Vierzon*, et visita sa bonne ville d'*Issoudun*. Laissant de côté Bourges qui aurait pu résister, il s'empara de *Lignières* et vint attaquer *Saint-Amand* qui ouvrit ses portes. *Montrond*, château presque imprenable que le roi comptait assiéger longtemps, capitula. Après avoir mis de fortes garnisons dans les places voisines de Bourges qui était, ainsi, tenue en respect, Louis entra dans le Bourbonnais par Le Châtelet et Châteaumeillant (1465).

La course de l'armée royale avait été rapide, mais elle avait cependant causé de grands maux. « C'est grand'pitié du pauvre peuple qui n'en peut mais, s'écriait un seigneur. Maudit soit celui qui est cause de la querelle ! »

Comme son père, Louis XI avait besoin de grosses sommes d'argent. Pour les trouver, il employait tous les moyens : augmentations d'impôts, emprunts forcés, exactions. Les habitants de *Saint-Amand* se trouvant surchargés s'étaient révoltés, mais ils furent châtiés rudement.

Le roi établit à Bourges une sorte de droit d'entrée appelé *barrage*, contre lequel tous les corps de métiers protestèrent. Une émeute éclata ; le fermier du nouvel impôt et beaucoup d'officiers royaux furent tués. La répression ne se fit pas attendre. Les chefs du mouvement et leurs principaux partisans furent saisis, exécutés, et, à titre d'exemple, on exposa leurs cadavres pendant un jour devant leurs maisons. Bourges vit tous ses privilèges supprimés. Par faveur spéciale, elle était administrée par des syndics ou échevins nommés à l'élection. L'assemblée du peuple prenait même part au règlement de certaines affaires locales. Le roi se réserva la nomination et la révocation des magistrats municipaux qui eurent, désormais, toute l'autorité (1474).

Louis XI revint à Bourges vers la fin de son règne (1476) lorsque, désireux de prolonger sa vie, il se livrait aux pratiques d'une dévotion étroite et superstitieuse. Il voulait vérifier si les reliques de saint Ursin étaient réellement à l'église du même nom. On les trouva, en effet, dans la chàsse d'argent où elles avaient été primitivement déposées.

19. — Les foires de Bourges.

Les Etats généraux réunis à Tours, en 1484, par Anne de Beaujeu, avaient élevé des plaintes au sujet des foires établies à Lyon par Louis XI. D'après eux, Lyon faisait avec l'étranger un tel trafic qu'une notable partie de l'argent français passait les frontières, au détriment de la fortune du royaume. On croyait alors que plus un pays possède de numéraire, plus il est riche.

Charles VIII décida que, pendant cinq ans, les foires de Lyon se tiendraient à Bourges, ville du centre, où les marchands étrangers se rendraient difficilement. Mais, Lyon ayant réclamé, une enquête fut ordonnée au bout de cette période. Deux commissaires visitèrent Dijon, Beaune, Chalon-sur-Saône, Mâcon, Lyon, recueillant des observations et des avis. Quand ils arrivèrent à Bourges, la population entière était en émoi. On leur prêtait l'intention de sacrifier les intérêts de la ville. On disait qu'ils s'étaient laissé corrompre par de riches présents, que 22000 écus, donnés par les gros marchands lyonnais, devaient être partagés entre les personnages influents de la cour de Charles VIII.

Une foule énorme, armée d'épées et de bâtons, s'ameuta. Ses chefs exigeaient les rapports et les procès-verbaux des commissaires. « Vous ne ferez que sagement de les *bailler*, disaient-ils, car il y va de votre vie. » D'autres criaient : « Montrez donc les draps de soie que vous avez reçus à Lyon ! »

Les commissaires ayant résisté, on pénétra dans leurs appartements, on ouvrit de force leurs coffres, on mit la main sur les papiers réclamés et on jeta sur le plancher les livres, les vêtements et toutes sortes d'objets dans l'espoir de découvrir les « draps de soie ». Toutefois la foule s'apaisa peu à peu. Les chefs de la sédition furent plus tard cités à comparaître devant le roi, mais on ignore la suite de l'affaire.

Bourges conserva ses foires. Beaucoup de marchands opulents vinrent s'y fixer. Les échanges y étaient très actifs et les fabriques de draps exportaient leurs produits jusqu'en Orient.

Le grand incendie de 1487 vint brusquement mettre un terme à cette prospérité. Bourges, bâtie en bois, fut consumée presque entièrement en une seule nuit. On n'avait pas, comme aujourd'hui, les moyens de combattre le feu ; l'eau même manquait dans la ville. Rien ne resta des immenses dépôts de marchandises. Ce fut une ruine totale. Une foire, qui était proche, ne put se tenir, et le commerce prit un autre cours. Quelque temps après, le roi partagea entre Lyon et Troyes les foires qui avaient donné à Bourges tant d'importance et de richesse.

20. — Jeanne de France et Charlotte d'Albret.

Louis XII répudia *Jeanne de France* pour épouser Anne de Bretagne, parce que la veuve de Charles VIII aurait pu, par un autre mariage, porter son riche héritage à une maison étrangère.

Lorsque Louis XII eut obtenu, à la suite d'un procès inique, la nullité de son premier mariage, il donna à la femme qu'il délaissait le duché de Berry, avec les terres de Châtillon-sur-Indre, Châteauneuf-sur-Cher, etc. Jeanne se soumit; elle fit preuve d'une admirable résignation. On peut croire que le séjour du Berry lui était particulièrement agréable. Fille de Louis XI, elle avait grandi au château de Lignières, non loin de Bommiers, résidence de son ami d'enfance, Louis de la Trémouille, qui lui resta toujours dévoué.

En entrant à Bourges (1498), elle annonça la résolution d'être, pour ses sujets, « bonne dame et princesse ». Jamais parole ne fut mieux tenue. Jeanne gouverna avec justice et douceur et fut vénérée du peuple et des grands. Elle partagea son temps entre la piété et la charité. Tous les témoignages la représentent comme réunissant toutes les vertus. Elle créa à Bourges une école, la première qui ait existé en dehors des monastères. Pendant ses funérailles (1505), toute la ville était en larmes. Son maître d'hôtel brisa le bâton qui était l'insigne de ses fonctions, le jeta sur le cercueil et s'écria : « Ah! ma bonne maîtresse, je n'aurai donc plus l'honneur de vous servir! » Trente ans après, on demandait encore que la justice fût rendue dans la province comme au temps de la « Bonne Duchesse ».

Il avait fallu au roi la complicité de Rome pour que son mariage fût annulé. Celui qui apporta d'Italie l'autorisation du pape n'était autre que *César Borgia*, le type du bandit grand seigneur, et déjà souillé de crimes. Pour témoigner sa satisfaction, Louis XII fit marier César avec *Charlotte d'Albret*, l'une des jeunes filles les plus distinguées de la cour. Mais le mariage était à peine accompli que Borgia repartait pour l'Italie, théâtre de ses tristes exploits. Charlotte ne le revit plus. Avec l'enfant qu'elle venait d'avoir, elle se retira dans son château de *La Motte-Feuilly*[1]. près de ses terres de Feusines[1] et de Néré[1]. Elle vécut isolée, cachant aux yeux du monde sa vie empoisonnée par les souvenirs qui s'attachaient au nom de Borgia. Parfois, elle se rendait à Bourges, chez la duchesse Jeanne, et ces deux victimes des combinaisons politiques déploraient ensemble leur destinée.

21. — Louis d'Ars.

Louis d'Ars appartenait à une illustre famille dont la résidence, un beau château du quinzième siècle, se voit encore près de La Châtre. Il reçut l'éducation des jeunes nobles et ne tarda pas à exceller dans le métier des armes. Il fut l'un des meilleurs capitaines de son temps. A la cour de Charles VIII, de Louis XII, de François Ier, il était estimé pour sa vaillance et sa loyauté. Parmi les jeunes pages auxquels il était chargé d'apprendre

---

1. Localités situées entre La Châtre et Châteaumeillant.

l'art difficile de la guerre, se trouvait celui qui devait être un jour le célèbre chevalier « sans peur et sans reproche ». Si Bayard est devenu le modèle des chevaliers, il le doit, pour une bonne part, à Louis d'Ars, qui l'instruisit de ses leçons et surtout de son exemple. La gloire de l'élève ne doit pas faire oublier celle du maître.

Louis d'Ars se distingua pendant les guerres d'Italie. L'histoire a conservé le souvenir de ses brillants faits d'armes et, ce qui vaut mieux encore, de sa bonté. La ville de Tortone s'était révoltée contre le comte de Ligny à qui Charles VIII l'avait donnée. Elle fut reprise. Le vainqueur irrité voulait la mettre au pillage; Louis d'Ars intervint et réussit à le calmer. « Allez! dit le comte de Ligny aux habitants, pour l'amour du capitaine Louis d'Ars, je vous pardonne! »

Après la malheureuse expédition de Naples, Louis XII laissait un grand nombre de Français emprisonnés dans sa conquête. Louis d'Ars avait mission de défendre plusieurs villes, mais il disposait de trop peu de soldats. Comme il le disait, il ne pouvait « mettre son cœur et son corps en trois parts ». Il se retira, avec sa petite troupe, à *Venose*, où il résista longtemps au célèbre capitaine espagnol Gonzalve de Cordoue. En janvier 1503 la garnison de Gaëte avait capitulé et Louis d'Ars était compris dans la convention, mais il refusa de se soumettre et continua la lutte. Enfin, une trêve de trois ans (mars 1504) fut signée avec l'Espagne et Louis XII envoya à Louis d'Ars l'ordre de renoncer à la lutte.

Alors commença l'étonnante *Retraite de Venose* (1504). Ce n'était pas chose facile que de traverser du sud au nord toute l'Italie avec une faible armée de 400 hommes au milieu des populations hostiles et des troupes ennemies. Sans doute, une trêve était conclue, mais Louis d'Ars n'avait pas voulu signer la capitulation qu'on avait négociée pour lui et on craignait la vengeance des Espagnols. Leur chef, Gonzalve de Cordoue, disait que « la toile d'honneur est d'un tissu lâche » : il y avait tout à redouter d'un pareil homme. A force de sang-froid, de prudence, de bravoure, Louis d'Ars évita le péril. Derrière leur chef, les soldats s'avançaient en bon ordre, enseignes déployées, fièrement, et, à les voir si décidés, personne n'osa les attaquer ni même leur refuser des vivres. C'est ainsi qu'ils arrivèrent jusqu'à Blois où le roi se trouvait. Après tant de dangers, toute la France salua joyeusement leur retour. En souvenir de ce mémorable événement, la ville de La Châtre a donné à l'une de ses principales rues le nom de rue Venose.

Pour récompenser les services éclatants de Louis d'Ars, Louis XII lui donna les terres de Sacierges et de Vouillon. Le brave chevalier trouva la mort à la bataille de Pavie (1525). Jeté à bas de son cheval, il fut étouffé par la cohue des combattants. Il méritait de tomber au champ d'honneur, en face de l'ennemi.

22. — Un duel sous François Ier.

Hélion de Barbançois, seigneur de *Sarzay*, avait entendu dire que Jean de La Tour Landry, seigneur de Châteauroux, son suzerain, ne s'était pas conduit en brave à la bataille de Pavie. Comme il vivait en mauvaise intelligence avec lui, il s'empressa de propager ces bruits injurieux. Dans tous les châteaux, il ne fut bientôt question que de la lâcheté de La Tour Landry, qui avait tourné le dos à l'ennemi.

Le seigneur de Châteauroux fit citer son vassal devant le roi. Hélion de Barbançois reconnut avoir répété le propos qu'on lui reprochait, mais il assura qu'il le tenait d'un autre seigneur, lequel prétendit le tenir d'un troisième. Finalement ce fut le *sieur de Véniers*[1] qui parut avoir, le premier, mal parlé de La Tour Landry. Mais il s'en défendit avec énergie, disant que Barbançois mentait. Suivant les lois féodales, le duel devait décider la question. Celui qui en sortirait vainqueur aurait dit vrai; les propos de l'autre seraient tenus pour mensongers. Si l'un des adversaires se dérobait à l'épreuve des armes, il était à jamais réputé comme non noble, lui et sa postérité, et privé des droits de la noblesse.

Barbançois avait soixante-dix ans; on craignait pour lui. Son fils voulait combattre à sa place. Mais il refusa, prétendant qu'il se sentait encore capable de « frotter » Véniers, de beaucoup plus jeune que lui, cependant, et fort expert aux armes.

Le duel eut lieu à Moulins, en Bourbonnais, en présence du roi (1538).

Les combattants entrèrent en lice, sous les regards de la cour et de nombreux spectateurs. Ils étaient revêtus de leurs armures et tenaient une épée à chaque main.

Ils s'abordèrent avec fureur, et Véniers reçut aussitôt une blessure au cou-de-pied. Bientôt ils se saisirent à bras-le-corps. Barbançois faiblissait. Véniers réussit à s'armer de la daguette qu'il portait

---

1. *Véniers*, près de *Sarzay*, à 10 kilomètres à l'ouest de La Châtre.

au côté. Il allait en percer son adversaire lorsque le roi arrêta le combat et exigea la réconciliation des champions.

François Ier déclara alors — un peu tard — que La Tour Landry avait combattu vaillamment à ses côtés sur le champ de bataille de Pavie et qu'il n'avait pas failli à l'honneur. Cependant, nul ne songeait à soigner la blessure de Véniers. Le malheureux perdait son sang en abondance. Il en fut si affaibli qu'il mourut quinze jours après.

23. — L'Université de Bourges. — André Alciat et Jacques Cujas.

A partir du règne de Louis XI, l'Université de Paris ne fut plus seule à donner le haut enseignement. Les Universités de province que le roi avait créées eurent, elles aussi, leur célébrité. Celle de Bourges méritait, vers 1540, le premier rang et pouvait être placée même avant celle de Paris.

La science du droit était enseignée à Bourges mieux que partout ailleurs en Europe. Aussi, les étudiants accouraient en foule. On les divisait en quatre *nations* : Berry, France, Aquitaine et Touraine. Un grand nombre d'Allemands venaient y apprendre l'histoire des législations anciennes. On y trouve même le fils d'un duc de Bavière La présence de cette jeunesse animait et égayait la ville. Mais des disputes, des émeutes sanglantes, éclataient parfois. Les étudiants passaient très vite des injures aux coups. Les professeurs eux-mêmes ne donnaient pas toujours l'exemple de la concorde. Leurs rivalités jetèrent, à plusieurs reprises, le trouble dans les études. Malgré tout, une grande ardeur pour la science animait maîtres et élèves.

Marguerite d'Angoulême, duchesse de Berry et sœur de François Ier, n'épargna rien pour donner de l'éclat à l'Université de Bourges. Elle y attira *André Alciat*, célèbre Italien, qui y enseigna pendant cinq ans. Le roi, grand ami des lettres, vint entendre une leçon d'Alciat et, un jour, le dauphin, enthousiasmé par la parole du maître, lui donna une médaille qui valait 400 écus[1]. Le duc de Milan réussit à faire rentrer Alciat en Italie (1533). Il avait suffi, pour cela, de lui offrir un traitement supérieur, car ce professeur de génie avait le défaut d'aimer l'argent. Il eut d'illustres élèves, parmi lesquels on doit citer : Amyot, Calvin, Théodore de Bèze.

Cujas avait étudié à Toulouse et professé à Cahors lorsqu'il vint à Bourges. Tous les contemporains s'accordent pour le représenter comme le jurisconsulte le plus éminent de son temps. Il fit faire à la science du droit d'immenses progrès et ses leçons eurent un grand retentissement. Il eut comme élèves la plupart des hommes marquants d'alors. Mais la jalousie de quelques-uns de ses collègues l'obligea à s'éloigner plusieurs fois. Enfin, Cujas réussit à imposer silence à ses ennemis et il se fixa définitivement à Bourges. Il acheta un bel hôtel qui existe aujourd'hui sous le nom de *Maison de Cujas*. Les dernières années de son professorat furent troublées par les guerres de religion qui devaient, d'ailleurs, ruiner l'Université elle-même.

Ce grand jurisconsulte était aussi un grand citoyen. La Ligue lui demanda de soutenir par ses écrits la candidature au trône du vieux cardinal de

---

[1]. Ces 400 écus vaudraient aujourd'hui près de 18000 francs.

Bourbon. Cujas fit cette réponse mémorable : « Je commettrais un crime si je consentais à corrompre les lois de la patrie et à mentir à la vérité. » A sa mort, l'un de ses élèves composa l'épitaphe suivante qui peint son noble caractère : « Cujas voulut mourir quand il vit les lois mortes. »

24. — L'Industrie des draps : Bourges et Châteauroux.

Dans les armes de Bourges sont représentés trois moutons d'argent. C'est que, autrefois comme aujourd'hui, notre province nourrissait de nombreux troupeaux et savait en tirer profit. De bonne heure on a commencé à tisser la laine dans plusieurs villes du Berry, et notamment à Bourges et à Châteauroux. Cette industrie occupait beaucoup d'ouvriers, attirait des marchands de tous pays et alimentait un commerce considérable. Elle était une source de richesse.

Cependant, vers la fin du quinzième siècle, les draps de Bourges perdirent leur renommée. On ne les recherchait plus. En vain exerça-t-on sur les teinturiers et les fabricants une surveillance étroite pour les obliger à ne livrer que des marchandises de bonne qualité, rien ne put sauver une industrie frappée à mort.

La cause de cette décadence n'était pas tant la déloyauté de beaucoup d'industriels que le dédain des négociants enrichis pour les occupations commerciales. Louis XI avait accordé à Bourges un privilège dangereux : tous les habitants qui deviendraient maires ou échevins recevraient des lettres de noblesse. Dès que ces notables étaient anoblis, ils fermaient boutique, retiraient du commerce leurs capitaux pour les placer en rentes et faisaient de leurs fils des hommes d'église ou d'épée. Avec le temps, on eut une foule de nobles, de fonctionnaires, d'officiers, de prêtres; mais les travailleurs, qui sont la richesse d'un pays, devinrent rares et l'argent manqua aux industriels.

Les bourgeois de Châteauroux voyaient avec envie ceux de Bourges devenir gentilshommes, mais ils n'étaient pas assez influents pour obtenir une semblable faveur. Ils restèrent bourgeois malgré eux, et, par surcroît, commerçants et industriels. C'est ce qui fit la fortune de Châteauroux. Cette ville hérita de la prospérité que Bourges n'avait pas su conserver. L'industrie du drap, qui y était déjà prospère au treizième siècle, devint florissante à la fin du quinzième. En 1665, il existait à Châteauroux et à Déols quarante-cinq fabriques qui occupaient dix mille personnes. La France d'autrefois comptait peu de centres industriels plus importants que celui-ci.

25. — La Réforme. — Charles IX.

C'est par l'Université de Bourges que la Réforme s'est introduite en Berry. Plusieurs professeurs, et, entre autres, l'illustre Cujas, passaient pour favorables aux nouvelles doctrines. Quelques-uns des plus célèbres docteurs de l'Église protestante, Théodore de Bèze et Calvin, ont étudié à Bourges.

En 1560, la province est partagée en deux camps; catholiques et réformés se préparent à la lutte. Les protestants sont très nombreux à *Bourges* et à *Issoudun*. A *Sancerre*, ils forment presque toute la population.

La révolte éclata partout à la fois ; ce ne sont que sièges, surprises, meurtres, incendies. Le peuple se bat pour sa religion avec une ardeur sauvage, mais il est sincère. Les nobles sont, en général, moins convaincus ; beaucoup d'entre eux ne voient dans la Réforme qu'un moyen de faire opposition à la royauté ; on en cite qui changèrent plusieurs fois de religion suivant leur intérêt.

Pour soutenir la cause protestante, on fit venir d'Allemagne des soldats mercenaires : les *reîtres* et les *lansquenets*. Les premiers combattaient à cheval, les seconds à pied ; mais, cavaliers ou fantassins, ils se ressemblaient par leur indiscipline, leur goût des plaisirs grossiers et ils ne se battaient que pour la solde et le butin. Ils avaient une merveilleuse aptitude pour le pillage et s'abattirent sur le pays comme une bande d'oiseaux de proie.

Catholiques et protestants ont montré un grand courage et se sont rendus coupables des mêmes violences.

En 1562, les protestants de Bourges commirent les pires excès. Ils brisèrent les sculptures qui ornaient la façade de la cathédrale, tentèrent d'abattre cet admirable édifice, traînèrent dans la boue les statues et les images des saints, faisant, d'ailleurs, main basse sur les objets d'or et d'argent. Ils osèrent profaner la sépulture de Jeanne de France, la « bonne Duchesse », mirent le feu à son cercueil et jetèrent ses cendres au vent.

La même année, treize jeunes protestants d'Issoudun se trouvaient à *Sainte-Lizaigne*, dans une taverne. Les armes qu'ils portaient mirent les paysans en défiance. On s'ameuta contre eux. Poursuivis jusqu'à *Diou*, ils furent cernés et noyés dans la rivière. *Issoudun* était gouverné par un catholique farouche, *Charles de Barbançois*, qui faisait subir aux protestants toutes sortes de vexations. Il fut assiégé par une armée de réformés venus de Bourges, sous le commandement du capitaine *d'Yvoi*. Celui-ci incendia le faubourg de Villatte et ouvrit la brèche avec son artillerie, mais une armée de secours l'obligea à s'éloigner.

D'Yvoi fut lui-même assiégé dans Bourges par l'armée royale que commandait le *duc de Guise*. *Charles IX* et *Catherine de Médicis* vinrent exalter le courage de leurs troupes. De part et d'autre, on se battit vaillamment. Après une défense de plusieurs mois, la garnison capitula. Ce fait marque la fin de l'influence protestante à Bourges.

Charles de Barbançois redoublait ses persécutions contre les réformés d'Issoudun. Il décida qu'ils devaient quitter la ville, quels que fussent leur sexe, leur âge, leur condition, sous peine d'être étranglés. Les riches purent s'enfuir, d'autres réussirent à se cacher, mais un grand nombre des plus pauvres durent affronter le péril et quelquefois subir le dernier supplice.

26. — Claude de La Châtre. — Quelques exemples de tolérance.

Notre province est l'une de celles qui ont eu le plus à souffrir des guerres de religion; les actes de cruauté y furent innombrables. La grande route d'Argenton-Châteauroux, celle de La Châtre-Saint-Chartier-Saint-Août, l'une et l'autre continuées par celle d'Issoudun-Lury-Vierzon, voyaient passer et repasser des armées de protestants du Midi, qui ravageaient la contrée sans pitié. Se rendant'en Limousin, les reitres et les lansquenets mirent au pillage *Cluis, Aigurande, Argenton*. Les édifices religieux n'étaient pas toujours respectés par les catholiques eux-mêmes. Pendant que l'armée royale se trouvait au *Blanc*, la célèbre abbaye de *Fontgombault* fut saccagée, prétend-on, par les soldats de Charles IX.

Les catholiques du Berry avaient alors un chef habile, *Claude de La Châtre*. Il résolut de s'emparer de *Sancerre*. Très forte par sa position, cette ville était le rempart du protestantisme dans la région du Centre; on l'appelait la *petite Rochelle*. Mais ses fortifications se trouvaient en mauvais état et sa garnison se composait seulement de 300 soldats. Cependant au bout de cinq semaines de combats incessants, les assiégeants durent se retirer devant la courageuse résistance des protestants (1569).

Après avoir pris plusieurs places des environs de Bourges : Menetou, Châteauneuf, Lignières, Claude de La Châtre dirigea contre Sancerre des forces considérables. Arrivé devant la ville, il la fit sommer de se rendre. Non seulement les Sancerrois refusèrent, mais ils retinrent le messager et le mirent à mort. Claude de La Châtre conçut un violent dépit de cet acte déloyal.

Le siège dura huit mois et les défenseurs se montrèrent d'un courage à toute épreuve. Quand ils consentirent à se rendre, ils avaient depuis longtemps abattu leur dernier cheval et ne se nourrissaient plus que d'herbes, d'objets en cuir et en corne que l'on ramollissait dans l'eau. Un enfant étant mort, ses parents le mangèrent ; cet horrible repas leur coûta la vie : on les brûla vifs. Les fortifica-

tions de Sancerre furent rasées, la plupart de ses
maisons démolies (1575).

Claude de La Châtre savait pourtant, à l'occasion,
faire preuve de clémence. Vers 1570, des chefs protestants avaient tenté de se rendre maîtres de
Bourges par trahison. Leur complot fut découvert à temps, on leur tendit un piège dans lequel
ils tombèrent. Le roi exigeait qu'on les mît à mort.
Mais Claude de La Châtre lui répondit par une lettre
pleine de fierté. Il refusait d'exécuter les ordres reçus, ne voulant pas, disait-il, « souiller sa réputa-
tion d'une telle tache », à jamais ineffaçable.

La tolérance n'est pas introuvable à cette époque
de fanatisme. Après la Saint-Barthélemy, les protestants devaient être partout massacrés, mais ceux
d'*Asnières*, près de Bourges, furent sauvés par les
catholiques.

A *La Châtre* et à *Saint-Amand*, catholiques et
protestants vécurent en bonne intelligence. Ils célébraient librement leur culte sans se persécuter
les uns les autres et ils surent résister aux excita-
tions des agitateurs à qui cette modération déplai-
sait. De tels exemples sont trop rares pour qu'on
les oublie.

27. — Henri III.

Le Berry ne fut pas favorable à Henri III. Après
avoir hésité quelque temps, *Claude de La Châtre*
se prononça résolument pour la *Ligue;* son exemple
fut suivi par presque tous les seigneurs. Claude
percevait, employait les contributions et il exer-
çait dans ses possessions tous les pouvoirs royaux.

L'anarchie était à son comble. Des bandes armées de Ligueurs, de Huguenots, de Royalistes,

parcouraient la contrée, pillant amis et ennemis sans distinction et ne reconnaissant plus de chefs. Les seigneurs essayaient de rétablir la féodalité avec tous ses abus.

En 1576, *Henri de Navarre*, après une expédition en Poitou, entra dans le Berry. Le château d'Argenton était gardé par quelques Ligueurs déterminés. Mais la ville s'était déclarée pour le Béarnais. Il y eut lutte entre la population et la garnison. Celle-ci allait triompher lorsque Henri survint par la route de Saint-Gaultier avec une nombreuse armée. Les portes de la Tour lui furent ouvertes par les quatre défenseurs qui y restaient. En s'éloignant, le Béarnais s'empara du *Blanc*. Il disait qu'il était entré par miracle dans le château d'Argenton, tant la place était forte. Ces divers succès lui procurèrent des ressources et relevèrent sa fortune. « Cela s'appelle cent mille écus de revenus », écrivait-il.

Claude de La Châtre ne restait pas inactif. Toujours en opposition avec Bourges, Issoudun avait embrassé la cause royale. Claude s'en rendit maître ainsi que de *Vierzon, Mehun, Montrond, Château-roux et Déols*; ces deux dernières places lui furent enlevées peu après. Il essuya un échec devant *Châteaumeillant*, où l'un de ses meilleurs capitaines fut tué. Une expédition contre Argenton ne réussit pas. Surpris à *Neuvy-Pailloux*, le chef qui la commandait tomba entre les mains de l'ennemi.

De plus, les partisans de Henri III, très nombreux à *Issoudun*, formèrent un complot pour arracher la ville aux Ligueurs. Le 14 juillet 1589, de grand matin, les conjurés pénétrèrent dans le château, tuèrent le gouverneur, et ouvrirent les portes à un lieutenant du roi. Encouragée par ce succès, l'armée royale tenta un coup de main sur Vierzon, mais elle échoua.

Pour ajouter aux maux causés par ces perpétuels combats, la peste avait éclaté, vers 1580, dans les principales villes du Berry. Elle y exerça ses ravages pendant plusieurs années. Les victimes furent nombreuses à Châteauroux, Issoudun, Vierzon, et surtout à Bourges. La misère et les souffrances étaient si grandes dans toute la province qu'elles paraissaient ne plus pouvoir augmenter.

28. — Henri IV.

Après la mort de Henri III, ses partisans soutinrent la cause du Béarnais.

M. de La Châtre, chef des Ligueurs, continuait la guerre. Il s'empara de Chârost et en massacra les courageux défenseurs. Il prit aussi La Chapelle d'Angillon, Saint-Amand, Lignières, La Châtre, Sainte-Sévère (1590). M. de Vatan, dévoué au roi, dirigea contre Graçay une attaque où ses soldats furent presque tous tués (1591). Mais Claude de La Châtre n'avait pu entrer ni au *Châtelet*, ni à *Aubigny*. Cette dernière ville avait été défendue par une femme de grand cœur, *Catherine de Balzac*.

Une extrême lassitude régnait partout. Les bourgeois ne pouvaient plus payer les soldats de la Ligue; les champs dévastés ne nourrissaient plus les paysans. Des plaintes s'étaient fait entendre à Bourges. On demandait quelque soulagement pour le pauvre peuple, dont il fallait avoir pitié et compassion. En vain, multipliait-on les processions, les prédications contre les hérétiques et Henri de Béarn. Tout le monde souhaitait la paix; à *San-*

coins les paysans s'ameutèrent contre les gens de guerre.

Henri IV abjura le protestantisme dans l'église de Saint-Denis, aux pieds de *Renaud de Beaune*, archevêque de Bourges (1593). Dès lors, la Ligue était frappée d'impuissance et le Berry fut tout entier pour le roi.

On sait que Henri reconquit son royaume par les armes et surtout par l'argent. Claude de La Châtre se fit payer cher sa soumission. Il obtint la charge de lieutenant général avec 2000 écus d'appointements, celle de maréchal de France et la somme de 898900 livres. Sully, le ministre économe, gémissait de ces folles dépenses.

La province était presque pacifiée; seuls, quelques chefs de bandes résistaient encore. Le capitaine *Lafernau*, moitié soldat, moitié brigand, s'était retiré au château de *Briantes* et terrorisait les environs de La Châtre; sur les confins du Bourbonnais, le capitaine Villars détroussait les marchands; l'un et l'autre furent pris et décapités.

Les bourses étaient vides, les impôts se levaient avec difficulté. L'obligation de les payer en argent était gênante; on eût mieux aimé, comme le disaient les habitants de Bourges, s'acquitter en « draps, serges » et autres produits du pays. Cependant le Berry pouvait travailler en paix, guérir ses blessures. Il connut de nouveau la prospérité.

29. — Louis XIII. — Révolte du seigneur de Vatan.

Après l'assassinat de Henri IV, les troubles recommencèrent en Berry. Les grands veulent profiter de la faiblesse de Marie de Médicis pour accroître leur pouvoir; les protestants, pour s'organiser en république indépendante.

Noble et calviniste, Florimond du Puy, *seigneur de Vatan*, était hostile à l'autorité royale. Il se lança dans la révolte ouverte en mettant à profit le mécontentement que causaient certains impôts.

Les taxes sur le sel variaient avec les régions. Aussi de hardis contrebandiers allaient le chercher là où il était à bon marché, par exemple au Blanc, à Aigurande, Orsennes, Pouligny-Saint-Pierre, Douadic, Montchevrier, pour le revendre dans les environs de Vatan où il se payait sept ou huit fois plus. On les appelait les « faux sauniers ». Activement surveillés, ils étaient envoyés aux galères, parfois mis à mort. Mais les bénéfices considérables qu'ils réalisaient leur faisaient braver tous les périls. Aucun impôt n'était odieux comme la gabelle ou impôt sur le sel; nul n'étant détesté dans le royaume comme le gabelou, agent qui levait cet impôt. Florimond du Puy se fit le défenseur des faux-sauniers et l'adversaire des gabelous.

Un seigneur de la contrée, chez qui on avait trouvé du sel de contrebande, fut emprisonné. Florimond réclama sa mise en liberté immédiate. N'obtenant pas de réponse, il entra dans une violente colère et jura de se venger. Il chevaucha jusqu'à Arçay. Dans cette localité résidait le fermier de la gabelle, nommé Robin. Florimond pénétra dans sa maison et lui prit l'un de ses enfants qu'il enferma au château de Vatan.

Le ravisseur se croyait assez fort pour échapper au châtiment. Mais le gouverneur du Berry reçut l'ordre de mettre la main sur lui, coûte que coûte, et marcha contre Vatan avec de l'artillerie. Quand la brèche fut ouverte, une partie des défenseurs s'enfuirent, les autres se rendirent. Le seigneur de Vatan comparut devant le Parlement de Paris qui prononça la confiscation de ses biens et le condamna à mort. Il eut la tête tranchée. Les nobles ne peuvent plus, désormais, résister à la royauté.

3o. — **Procès de sorcellerie.**

De nos jours, quelques ignorants croient qu'il existe des sorciers, c'est-à-dire des personnes qui ont fait un pacte avec le diable et en ont reçu des pouvoirs surnaturels. Jusqu'au dix-septième siècle, cette croyance était générale et s'étendait aux classes éclairées du royaume. Le sorcier était considéré comme un criminel, poursuivi devant les tribunaux, et puni avec la dernière rigueur. De 1616 à 1619, plusieurs procès de sorcellerie furent instruits en Berry.

On découvrit d'abord, dans les paroisses de Brécy et de Sainte-Solange, une véritable association de sorciers, sorte de confrérie vouée au culte du diable. Elle était formée de paysans, laboureurs et bergers de la contrée. Chaque nuit, ils se rendaient à un carrefour sur le chemin des Aix, et là ils célébraient le sabbat. Le diable, sous la forme d'un bouc ou d'un barbet noir ou d'un homme noir, monté sur un cheval également noir, présidait la réunion. Chacun, après s'être frotté les reins avec une graisse noire, venait l'adorer. On se livrait aux pratiques les plus bizarres et souvent à la débauche. La messe noire, sorte de parodie du culte catholique, était célébrée par le diable. On mangeait des viandes noires et on se chauffait à un grand feu dont les flammes étaient, disait-on, éblouissantes comme celles de l'enfer. Puis, vers le matin, nos paysans reprenaient le chemin de leurs demeures, croyant être investis du pouvoir d'ensorceler qui bon leur semblait.

Arrêtés, ces malheureux avouèrent tout. On les condamna à faire amende honorable devant l'église de leur paroisse, un cierge à la main, à être pendus, puis brûlés. Quelques-uns obtinrent leur grâce.

En 1619, nouveau procès. Un vieux mendiant, Gilbert Fourneau, fut arrêté à Menetou-Salon. Une femme, disait-on, était morte pour avoir partagé avec lui un morceau de pain. Une autre avait été troublée par le regard pénétrant qu'il avait jeté sur elle; elle avait vu sortir de sa bouche un vent « de couleur bleue » dont elle s'était sentie glacée, après quoi elle s'était évanouie. Il n'en fallait pas davantage pour que le vagabond fût soupçonné d'avoir le mauvais œil. Interrogé, il ne nia pas avoir fréquenté le sabbat et il proféra des blasphèmes. Lui aussi fut mis à mort et brûlé.

Ces procès de sorcellerie sont parmi les derniers. Sans cesser de croire aux sorciers, on en vint à penser que la sorcellerie ne tombait pas sous le coup des lois humaines. Quelques esprits clairvoyants commençaient même à s'apercevoir que les sorciers devaient être éclairés et soignés plutôt que châtiés.

Dans les campagnes du Berry, certains paysans arriérés assurent qu'il existe aujourd'hui encore des « meneux de loups », des « jeteux de sorts », des revenants, des loups-garous, et qu'un être mystérieux, la « grand'bête », erre la nuit dans les endroits écartés pour effrayer les voyageurs. Ce reste du passé disparaît d'ailleurs, chaque jour, à mesure que l'instruction s'étend. Il n'est plus permis à ceux qui ont fréquenté l'école d'ajouter foi aux inventions superstitieuses.

31. — Les Condé en Berry.

Henri de Bourbon, prince de Condé, était devenu comte de Châteauroux en 1612. Souvent révolté contre la régente et les ministres, il aimait à se retirer en Berry pour se consoler de ses disgrâces passagères. Il apportait dans la province ses goûts d'agitation et d'intrigue; il y fomenta quelquefois des troubles civils. En 1616, ses troupes attaquèrent sans succès Vierzon et Graçay et s'emparèrent de Vouillon, La Ferté-Sainte-Fauste et Bourges. Mais ses brouilles avec la cour ne duraient pas; on s'inquiétait de son séjour prolongé en province. Marie de Médicis lui envoya un habile négociateur, qui devait être un grand ministre, Richelieu, pour traiter avec lui. Condé se fit payer sa soumission. Il obtint le bâton de maréchal, une grosse somme d'argent et le gouvernement du Berry. Plus tard, il acheta tous les domaines que Sully possédait dans la région avec les châteaux de Montrond, Orval, Culan, Le Châtelet, La Prune-au-Pot[1], etc., et se trouva l'un des plus riches propriétaires du royaume.

Quand son fils fut né (1621), on ne le laissa pas à Paris parce qu'il était faible et malingre. Condé le fit conduire à Montrond devenu, par ses soins,

---

1. *La Prune-au-Pot*, commune de Bazaiges, à 10 kilomètres au sud d'Argenton.

une demeure délicieuse en même temps qu'une forteresse à l'abri de toute attaque. L'air doux et sain du Berry devait être favorable au duc d'Enghien qui prit rapidement des forces. La destinée de cet enfant fut brillante. C'est lui que l'histoire appelle le *grand Condé*.

En 1629, le jeune duc d'Enghien vint s'établir à Bourges, dans la maison de Jacques Cœur, pour suivre les classes du collège des Jésuites. A son entrée dans la ville, les fonctionnaires le reçurent avec de longs discours et, ce qui lui plut davantage, avec des confitures et les friandises les plus rares.

Malgré son rang, il se soumit à la règle commune du collège ; il était simplement distingué de ses camarades par une balustrade qui entourait sa chaise. C'était un écolier modèle. Il avait pour la science une véritable passion. Doué d'une vive intelligence, il fit d'excellentes études. A quatorze ans, ses maitres n'avaient plus rien à lui apprendre. Lorsque, plus tard, il entra dans Rocroy, le maire crut bon de lui adresser une harangue latine qu'il avait longuement préparée. Condé lui répondit aussitôt en latin, sans le moindre embarras, et avec beaucoup de finesse et d'à-propos.

A la nouvelle des brillantes victoires de Fribourg, de Nordlingen, de Lens, la joie fut grande dans toute la province et des réjouissances publiques eurent lieu à Bourges. Mais, bientôt, le vainqueur embrassa la cause de la Fronde. Le Berry, dont il était devenu gouverneur à la mort de son père, le suivit dans la révolte. Quand Mazarin eut fait jeter Condé en prison et que la cause du prince semblait perdue, sa forteresse de Montrond résistait toujours.

Le siège du château de *Montrond* est resté célèbre. La princesse de Condé s'y était d'abord réfugiée et en avait fait un centre de résistance; mais elle se rendit à Bordeaux où l'appelaient ses partisans et laissa dans la place une petite garnison qui, bientôt, fut pressée vivement par les troupes royales que commandait M. de Palluau. Louis XIV avait lui-même traversé la province pour aller combattre Condé récemment remis en liberté. Il accorda aux habitants de Bourges la démolition de la grosse Tour qui avait si souvent servi à les opprimer. Sa présence suscita bien des défections dans le parti des Frondeurs et, notamment, celle d'Issoudun. Quatre cents habitants de cette ville allaient grossir l'armée assiégeante. Ils rencontrèrent trois cent cinquante habitants de Châteauroux, partisans de Condé. Une bataille furieuse s'ensuivit et cinquante morts restèrent sur le terrain, après quoi les deux troupes continuèrent leur route vers Montrond.

Cependant, une armée de secours envoyée par Condé n'avait pas réussi à faire lever le siège. La garnison était réduite par les privations et les fatigues. Il ne restait plus que 140 hommes dans la forteresse. Les munitions manquaient. Il fallait songer à capituler. Les assiégés obtinrent la vie sauve, mais le château de Montrond fut démoli. La chute de cette place marquait la fin de la Fronde en Berry (1653).

La princesse de Condé, Clémence de Maillé-Brézé, nièce de Richelieu, que Condé avait épousée, un peu malgré lui, lorsqu'il était tout jeune encore, revit plus tard le Berry dans de tristes circonstances. Des dissentiments s'étaient élevés entre elle et son mari. Elle fut reléguée à Château-roux, où le prince la fit étroitement surveiller. Elle y mourut en 1694, âgée de soixante-six ans. Son courage et son dévouement à la cause de Condé pendant la Fronde la rendaient digne d'un meilleur sort.

Le Berry est fier de Condé qu'il regarde comme l'un de ses enfants. Les erreurs du Frondeur sont effacées par la gloire du grand capitaine, et, de cette gloire, notre province doit prendre sa part.

32. — Révocation de l'édit de Nantes (1685).

Louis XIV est le roi le plus absolu de l'ancienne France. Quand il commença à gouverner, les nobles étaient vaincus, les parlements réduits au silence; la nation entière obéissait, courbée aux pieds du trône. Non content d'avoir discipliné ses sujets, le roi voulut encore réglementer leurs croyances. Il pensait que, de même qu'il y avait en France un pouvoir unique, il ne devait y avoir qu'une religion, afin que l'unité morale fût complète.

Il songea donc à retirer aux protestants les libertés que Henri IV leur avait accordées et que Richelieu, tout cardinal qu'il était, leur avait laissées. Il voulut révoquer l'Edit de Nantes. Dans tout le Berry, on ne comptait que 5000 protestants. Sur ce nombre, près de la moitié habitaient Sancerre; le reste était réparti entre Argenton, Issoudun, Le Blanc, Saint-Amand, Sainte-Sévère, Valençay et Asnières.

D'abord, on essaya de les faire abjurer par la

persécution. Sous des prétextes divers, on fermait leurs temples, leurs écoles ; on leur refusait les emplois de l'État. On alla même jusqu'à ordonner d'ensevelir leurs morts dans les cimetières qu'on leur assignerait. A Chârost, les protestants décédés durent être inhumés à Issoudun. Leurs ministres pouvaient professer des doctrines contraires à l'État et à la royauté : des catholiques furent autorisés à assister aux prêches, afin de surveiller leurs paroles.

En présence de telles mesures, beaucoup de protestants embrassèrent le catholicisme et notamment le pasteur d'Issoudun, Perrot. Les courtisans et les évêques persuadèrent alors à Louis XIV qu'il restait seulement en France une poignée de huguenots entêtés et le roi prononça la révocation de l'Edit de Nantes (1685).

Il put voir bientôt qu'on l'avait trompé. Un grand nombr de protestants, surtout à Sancerre, jurèrent de mourir dans la foi de leurs pères. Il fallut recourir aux *dragonnades*. On logeait des soldats chez eux jusqu'à ce qu'on eût vaincu leur résistance. Devant la force, les abjurations se multiplièrent, mais très peu étaient sincères. Une femme d'Issoudun, Anne Prévost, qui s'était convertie, repoussa à ses derniers moments les consolations du prêtre catholique et déclara qu'elle était restée calviniste au fond du cœur.

Peu de protestants du Berry émigrèrent : ils étaient, pour cela, trop éloignés des frontières. Mais ils se réunissaient la nuit au fond des bois ou dans quelques endroits reculés de la campagne, au « désert », comme ils disaient, et là, ils célébraient leur culte. Parfois, le pasteur manquait ; c'était le plus ancien de l'assemblée qui le remplaçait ; on vit même des femmes remplir cet office.

Les idées de tolérance étaient alors nouvelles dans le monde. Michel de l'Hôpital, Henri IV et quelques autres esprits généreux les avaient seuls comprises. On pensait généralement que les sujets doivent être de la religion du prince : sur ce point, Louis XIV était d'accord avec la plupart de ses contemporains. Grâce à la Révolution française, nous avons aujourd'hui la pleine liberté de manifester nos croyances. La conscience, d'ailleurs, échappe à toute atteinte du pouvoir et la persécution religieuse n'a jamais produit que la révolte ou l'hypocrisie.

33. — Bourdaloue.

Condé avait grandi en Berry ; il y avait acquis, avec la force et l'endurance, une solide et brillante instruction. Un autre grand homme du siècle de Louis XIV eut avec notre province des liens plus étroits encore : *Bourdaloue* appartient au Berry par sa naissance.

Il vint au monde à Bourges en 1632. Il entra dans l'ordre célèbre des *Jésuites*. Sa vie est simple et unie. Il offre l'exemple d'un homme qui se dévoue tout entier à sa mission. Quand il mourut, en 1704, il n'avait fait autre chose que prêcher, enseigner, consoler.

A cette époque, il n'y avait pas d'éloquence en dehors de l'Église parce que, seul, le prêtre avait la liberté de la parole. Louis XIV n'acceptait pas de remontrances sur son gouvernement, encore moins sur sa conduite. Mais le prêtre était à ses yeux le représentant de Dieu et avait le droit de lui faire la leçon. Peu de prélats en avaient le courage.

Bourdaloue parla devant la Cour, qui réunissait tout ce que le pays comptait de distingué, de spirituel, d'élégant, et il parla avec une entière franchise. On disait qu'il frappait comme un sourd ; les courtisans tremblaient lorsqu'il s'attaquait à leurs travers et à leurs vices. C'était un beau spectacle que celui d'un simple religieux disant de dures vérités au roi, aux princes, aux grands seigneurs.

Cependant, on accourait en foule à ses sermons. Chacun voulait « aller en Bourdaloue » comme on disait. Un jour, le maréchal de Grammont, touché par les paroles du prédicateur, se leva tout à coup, et, en pleine église, s'écria : « Mordieu ! il a raison ! » Les auditeurs se mirent à rire de cette marque d'admiration naïve. Bourdaloue flétrissait les flatteurs, les médisants, les ambitieux. Il aurait voulu rendre les riches justes, charitables, bienfaisants. Il leur rappelait fréquemment leurs devoirs envers les pauvres et les humbles.

« Dans un domestique, disait-il, vous devez bien
» distinguer deux choses, son travail et sa per-
» sonne. Que son travail soit abondamment payé
» par la récompense qu'il reçoit de votre main, je
» le veux ; mais sa personne qu'il vous a assujettie ;
» mais sa liberté qu'il vous a engagée, cette liberté
» précieuse dont il a disposé en votre faveur, la
» mettez-vous à si vil prix ? Ce salaire n'est que la
» juste rétribution des services que votre domes-
» tique vous rend. Il faut donc que pour la sujétion
» et la dépendance de leurs personnes, vous leur
» deviez autre chose. » Cette chose différente du salaire qu'il demandait aux maîtres, c'était la bonté.

Bourdaloue avait un grand talent, mais il avait un plus grand cœur. Nous ne devons pas l'oublier : il honore à la fois le Berry et la France.

34. — De Louis XIV à la Révolution.

Après Louis XIV, il n'y a plus d'événements importants dans les provinces. Les grands seigneurs sont à la Cour ; ils servent dans les armées du roi. Les révoltes deviennent impossibles. Les faits militaires marquants se passent maintenant aux frontières. Nos villes de Bourges, Châteauroux, Issoudun, jadis si vivantes, n'ont plus de rôle à jouer. On ne parle guère que de Paris et surtout de Versailles dont le roi a fait sa résidence somptueuse.

Les coûteux travaux de Louis XIV, ses guerres, celles de ses successeurs, les dépenses considérables qui en furent la conséquence, épuisèrent la France.

Il y eut cependant sous Louis XV et Louis XVI d'heureuses tentatives pour ramener en Berry un bien-être dont les sources semblaient taries.

L'industrie des draps de *Châteauroux* était ruinée. En 1731, un fabricant de Lodève (Hérault), Jean Vaillé, se chargea de la relever. Il promit d'installer soixante métiers à tisser ; en retour, il obtenait le château royal du Parc et une subvention de 10500 livres pendant huit ans. Mais ses affaires ne prospérèrent pas et nous le voyons obligé de quitter le pays en 1755.

A *Bourges*, quatre Anglais fondent une société pour la fabrication d'une étoffe de laine, de chanvre, de soie et de coton. Ils amènent d'Angleterre onze ouvriers qui doivent former des élèves dans le pays. Par leurs soins, trente métiers fonctionnèrent. Quoique la nouvelle étoffe fût assez recherchée, les débouchés manquaient. Il fallait la conduire aux foires de Champagne et du Midi, à Beaucaire surtout, et les frais de transport rendaient minimes les bénéfices. L'industrie se maintint pourtant grâce aux encouragements et aux gratifications du roi ; elle ne tomba que pendant la Révolution. Les achats de laine et de chanvre apportèrent quelque aisance dans la région de Bourges.

Le *comte d'Artois*, frère de Louis XVI, qui possédait le Berry, eut l'idée de dessécher les *marais de Contres* près de Dun-le-Roi ; mais son projet ne fut pas exécuté. En revanche, c'est à lui que nous devons la création de l'industrie métallurgique de *Vierzon*. Il établit la première usine sur l'Yèvre, dans une position excellente, près du Cher qui pouvait transporter les produits, et au centre des vastes forêts d'Allogny, de Rein-du-Bois, de Vierzon, où le combustible était presque inépuisable. Les hauts fourneaux ne tardèrent pas à se multiplier, fournissant du travail à un grand nombre d'ouvriers. Ces établissements n'ont pas cessé, depuis lors, de fonctionner : Vierzon est, de nos jours, un centre industriel important.

Malgré ces louables efforts, l'ensemble de la province était plongé dans une profonde misère. Surchargés d'impôts, les paysans n'avaient que des ressources insuffisantes et mal assurées ; ils délaissaient en masse le travail des champs pour des occupations moins rudes ; ils se faisaient souvent mendiants et vagabonds. Les bras manquaient pour les semailles et la moisson. Les domestiques, très rares, se payaient très cher, et obéissaient à peine à leurs maîtres. Le cultivateur ne labourait qu'une faible partie de ses terres, abandonnant le reste à de maigres troupeaux. Les landes couvraient d'immenses étendues. Aussi, la disette, la famine désolaient souvent la région. En vain l'intendant de Bourges demandait-il, pour remédier à la dépopulation des campagnes, la rédaction d'un code rural. Des réformes plus profondes étaient nécessaires dans l'ordre politique et social, et la prospérité ne devait revenir qu'après les orages féconds de la Révolution.

35. — L'Assemblée provinciale de Bourges.

Depuis Richelieu, les provinces étaient administrées par des sortes de préfets qu'on appelait *intendants*. Quelques-uns de ces fonctionnaires avaient à cœur le bien public. Ainsi, *Turgot* transforma très vite la pauvre province du Limousin en un pays d'abondance. Mais la presque totalité s'occupaient très peu de leurs devoirs. Le ministre *Necker* adressa sur cette question un « Mémoire » à Louis XVI.

L'intendant, disait-il au roi, ne considère sa résidence que comme un simple lieu de passage. Et, supposant toujours, « peut-être avec raison », qu'on avance plutôt par l'intrigue que par le travail, il est impatient de venir à Paris pour y nouer d'utiles relations. Il laisse aux commis le soin d'administrer ; ceux-ci ne s'occupent que de la police, négligeant la répartition des impôts, la construction des chemins, le commerce, tout ce qui est important. A force de démarches, l'intendant obtient un poste d'avancement où il restera le moins qu'il pourra et ses successeurs l'imiteront. Dans l'espace de quelques années, on a vu l'un de ces fonctionnaires aller « de Limoges en Roussillon, du Roussillon en Hainaut, du Hainaut en Lorraine », quittant chaque province avant même de la connaître.

Comme remède à cet abus, Necker proposait de créer des assemblées provinciales composées de notables propriétaires; on y étudierait toutes les mesures intéressant la vie économique du pays. L'idée parut juste. Louis XVI décida que deux assemblées seraient réunies, à titre d'essai, à Bordeaux et à *Bourges* (1778). Quarante-huit membres, dont un tiers désignés par le roi, les autres élus par leurs collègues, en firent partie, savoir : 12 pour le clergé, 12 pour la noblesse et 24 pour le Tiers État.

L'Assemblée de Bourges montra un zèle éclairé. Elle proposa d'intelligentes mesures pour ranimer l'agriculture; l'une, la création d'une *Ecole de bergers* à Issoudun, reçut même un commencement d'exécution. Pour l'industrie des lainages, les notables voulaient concentrer la fabrication des draps à Châteauroux, celle des bonnets à Bourges, celle des couvertures à Saint-Amand et à Sancerre. Une école de charité pour la filature de la laine fonctionna à Bourges avec un certain éclat. L'Assemblée demanda encore le creusement du canal du Berry, la création d'un vaste réseau de routes. Elle répartit la taille proportionnellement aux ressources et supprima la *corvée*, odieuse servitude qui privait tout ouvrier de huit journées de travail par an.

De telles mesures devaient avoir d'heureux résultats. Un voyageur anglais, Arthur Young, qui visitait la province en 1787 écrivait, en parlant des environs de Vierzon : « Ponts bien construits, plusieurs maisons neuves. Nous sommes actuellement en Berry, pays gouverné par une Assemblée provinciale; par conséquent les routes sont bonnes et entretenues sans corvées. »

Cette expérience heureuse aurait dû être étendue à tout le royaume. Mais les ennemis des réformes influencèrent le faible Louis XVI et obtinrent le renvoi de Necker. Tous les projets du bon ministre furent abandonnés. L'Assemblée de Bourges ne devait plus être convoquée et le pays, de nouveau abandonné, retomba dans sa pauvreté.

36. — Le comte de Guibert.

Le 16 mars 1789, une réunion des trois ordres de la province se tint à Bourges. L'Assemblée devait siéger le temps nécessaire à la rédaction des cahiers et à l'élection des députés aux *États généraux*. Elle fut présidée par Claude-Louis de La Châtre, maréchal de camp, dont la famille avait joué un grand rôle en Berry. Beaucoup de nobles se montraient partisans des réformes et, notamment, de l'abolition des privilèges. De ce nombre était le comte de Guibert.

Lieutenant général des armées du roi, membre du Conseil de guerre, le comte de Guibert avait publié des ouvrages estimés sur l'art militaire. Il possédait dans la province la seigneurie de Pierrefitte-sur-Sauldre. Il se rendit à la réunion, disposé à parler en faveur du Tiers et avec l'espoir d'être choisi par cet ordre comme député à l'Assemblée de Versailles. Mirabeau, au même moment, allait être élu, quoique noble, pour représenter le Tiers-État de Provence. Le comte de Guibert fut moins heureux.

Il était impopulaire dans l'armée pour avoir essayé d'y rétablir la discipline. On prétendait qu'il avait voulu édicter des peines sévères contre les officiers et contre les soldats coupables d'insubordination. On ajoutait qu'il flattait le peuple par ambition et que le désir de jouer un rôle important lui faisait trahir la noblesse.

On empêcha le comte de Guibert de lire le discours qu'il avait préparé. Il voulut s'expliquer, mais, à peine avait-il ouvert la bouche, qu'un grand tumulte s'éleva dans les bancs de la noblesse. « Point de Guibert ! criait-on. Il a voulu qu'on mit les officiers aux fers ! Il a humilié la noblesse ! »

Les membres du Tiers savaient que Guibert était favorable à leur cause. Ils essayaient de ramener le calme dans l'assemblée. « Laissez-le se justifier, dit un officier d'infanterie ; il donne sa parole que les peines dont on parle ne seront pas introduites dans le Code militaire. » Toutes les tentatives restèrent inutiles. « Point de Guibert ! répétaient les officiers nobles. Les fers aux officiers ! Des coups de bâton aux soldats ! » Devant cette opposition invincible, le comte de Guibert regagna sa place. Quelques jours après, les manifestations s'étant renouvelées, il dut même renoncer à prendre part aux délibérations de son ordre. Il écrivit au président une lettre pleine de dignité où il disait : « Quand ma conscience est aussi exempte de reproches qu'il puisse y en avoir sous le ciel, je laisse à des gentilshommes, à des militaires, à des hommes dont l'état, l'éducation, les sentiments, me garantissent la délicatesse, à apprécier dans quelle position ils m'ont mis. » En même temps, il fit savoir qu'il était disposé à accorder une réparation par les armes aux officiers qui se croiraient personnellement offensés et qu'il se tiendrait à leur disposition pendant trois jours. Aucun ne se présenta.

Le comte de Guibert quitta Bourges, le cœur plein d'amertume. Mais le discours qu'il n'avait pas réussi à prononcer avait été imprimé. Le roi, l'ayant examiné, le trouva hardi et trop peu respectueux de l'ordre de choses établi : il demanda à l'auteur sa démission de membre du Conseil de la guerre.

L'infortuné Guibert, accablé de tristesse, mourut un an après. Sur son lit de souffrance, il ne cessait de répéter : « Ma conscience est pure! Ils me rendront justice! » Ainsi finit un homme de talent et de cœur, victime d'aveugles préventions.

37. — La Grande Peur.

Au début de 1789, l'attente et l'inquiétude étaient grandes. La disette avait éprouvé le pays ; de graves événements s'étaient produits ; d'autres se préparaient. La Révolution s'accomplirait-elle? Le peuple pouvait croire que le roi ne le permettrait pas et il craignait d'avoir le dessous dans la lutte engagée contre les ordres privilégiés.

A la fin de juillet 1789, la terreur règne dans le Berry qui se croit menacé d'une invasion de brigands soudoyés par les ennemis du peuple. L'alarme fut donnée à Sancerre, où le bruit se répandit qu'un millier de bandits, armés jusqu'aux dents, arrivaient du Morvan. On reconnut bientôt d'ailleurs que le péril était imaginaire.

Mais, au sud de la province, l'effroi se dissipa moins vite. Le Blanc, Argenton, Saint-Gaultier, La Châtre, se crurent à la fois en danger. Dans cette dernière ville, l'on prit même de sérieuses mesures de défense.

Dans la soirée du 29 juillet 1789, un messager arriva d'Aigurande au grand galop de son cheval, n'ayant mis qu'une heure à franchir 27 kilomètres. Il apportait de graves nouvelles. Le curé de Lourdoueix-Saint-Michel faisait savoir que 4000 brigands, après avoir mis tout à feu et à sang dans la Marche, se disposaient à entrer en Berry. Le maire de La Châtre fit sonner le tocsin, rassembla tous les hommes valides de la ville et des environs et leur distribua des armes. La route de Guéret fut gardée et parcourue par des patrouilles. En même temps, des courriers allaient partout demander du secours. De Châteaumeillant arrivèrent 1000 combattants bien équipés ; Lignières envoya 150 hommes et en promit 800 autres. Saint-Hilaire, près de Lignières, fournit 30 soldats et donna l'assurance que tous les habitants étaient prêts à sacrifier leur vie. Bref, une armée de 5000 hommes se trouva réunie.

Cependant, les brigands tardaient à se montrer. Les reconnaissances envoyées du côté de la Marche revenaient sans avoir rien vu. Un individu de mauvaise mine qui arrivait par la route de Guéret dut subir un long interrogatoire. On le prenait pour un espion des bandits. Il ne fournit aucune indication et on fut obligé de reconnaître qu'on avait affaire à un vulgaire vagabond. Enfin, on reçut des nouvelles rassurantes. Les pillards n'avaient paru ni à Guéret ni à La Souterraine. L'on avait fouillé avec soin les forêts de la Marche et l'on n'avait rien trouvé. On vit alors que les craintes étaient sans objet et l'armée fut licenciée.

Mais les esprits avaient reçu une secousse qui devait produire de fâcheuses conséquences. Malgré toute évidence, le peuple persista dans sa croyance aux brigands, ennemis de la Révolution, et, dans la suite, ces vagues terreurs le rendirent défiant, prompt au soupçon et à la violence.

38. — Division du Berry en départements.

Pour favoriser la pénétration de l'esprit créé par la Révolution, l'Assemblée nationale décréta, le 22 décembre 1789, la suppression des anciennes provinces et la division de tout le territoire en départements.

Le Berry en forma deux qui correspondaient, à peu près, l'un, celui de l'*Indre,* au Bas-Berry, et l'autre, celui du *Cher,* au Haut-Berry. Cette division se fit au milieu de réclamations, de requêtes de toutes sortes.

La délimitation avec les régions voisines s'effectua sans de grandes difficultés. Chose digne de remarque, la plupart des localités limitrophes demandaient à faire partie du Berry. C'était le désir de Saint-Amand, qui craignait d'être réuni au Bourbonnais. On lui donna satisfaction, mais le canton d'Ainay-le-Château, malgré ses protestations, fut laissé à cette dernière province. *Aigurande, Sainte-Sévère,* voulurent appartenir au Berry et l'on accorda par compensation Boussac et La Souterraine à la Marche.

Au *Blanc* les habitants étaient divisés; ceux de la ville haute tenaient pour le Poitou, ceux de la ville basse pour le Berry. Le Blanc revint au Berry à la condition qu'elle serait choisie comme chef-lieu d'arrondissement. *Ecueillé* avait été rattaché à la Touraine, mais cette localité fit, peu après, retour au Berry, à la grande joie des habitants. Au sujet de La Charité, de longs débats s'élevèrent. Elle appartenait au Berry, mais sa situation sur la rive droite de la Loire la faisait vivement désirer par le Nivernais auquel, en fin de compte, elle resta.

Quand on voulut tracer les limites des deux départements, choisir les chefs-lieux, ainsi que les chefs-lieux de districts, les complications augmentèrent.

Issoudun tenta de devenir le chef-lieu du Cher; cette ville alléguait sa situation plus centrale que celle de Bourges; c'est une nouvelle forme de la vieille rivalité que nous avons remarquée entre les deux cités. Le projet ayant échoué, Issoudun essaya de devenir le chef-lieu de l'Indre, mais c'est *Châteauroux* qui l'emporta grâce à sa position, bien qu'alors elle eût une population moindre qu'Issoudun.

Lignières et *Châteaumeillant* étaient disputées entre les deux départements. Celui de l'Indre les convoitait pour empêcher le Cher de confiner à la Marche, pays pauvre, avec lequel des échanges actifs de denrées avaient lieu : il se serait ainsi assuré tout le trafic avec cette province. Le département du Cher souhaitait avoir une part dans ces transactions commerciales et s'annexer les régions contestées. Il eut gain de cause.

Les villes qui demandaient à devenir chefs-lieux de districts étaient fort nombreuses. Dans la même région, Châteaumeillant rivalisait avec Culan, Le

Châtelet et Lignières ; Sancoins rivalisait avec Dun-le-Roi. D'autre part, Aigurande, Argenton, Saint-Benoit-du-Sault, Buzançais, Châtillon et Levroux se croyaient également qualifiées pour devenir des chefs-lieux d'arrondissements. Buzançais avait même élevé la prétention d'être choisie comme chef-lieu du département de l'Indre.

En présence de ces compétitions, l'organisation s'opéra, telle, ou à peu près, qu'elle existe aujourd'hui, avec un remarquable esprit de justice et une connaissance exacte des intérêts locaux. Le Berry avait abandonné aux provinces voisines quelques dépendances écartées et il avait rectifié ses limites. Il était désormais plus régulier de forme, plus homogène dans ses diverses parties, et, comme toutes ses annexions étaient désirées par les habitants, il n'y eut, pour ainsi dire, aucun étranger introduit en Berry. D'ailleurs, l'esprit provincial s'effaçait ; déjà, il n'y a plus que des Français dans toutes les provinces.

— 39. — Les Volontaires.

Aux difficultés intérieures étaient venus s'ajouter des dangers extérieurs. La Révolution était menacée par l'étranger. Les Autrichiens et les Prussiens franchissaient nos frontières et ce grave péril nous trouvait sans force. Dans l'armée, le désordre était à son comble. Les officiers nobles avaient émigré et servaient dans les rangs de nos ennemis ; les simples soldats désertaient en foule ; l'indiscipline était générale. C'est alors que l'Assemblée législative déclara la « Patrie en danger » et fit appel, pour la défendre, aux citoyens de bonne volonté.

La France entière fut alors secouée d'un admirable élan patriotique. Les deux départements du Berry ne se montrèrent inférieurs à aucun autre. Les registres d'engagement se couvrirent de signatures en quelques semaines et-deux bataillons, un par département, furent constitués. L'empressement avait été remarquable dans les villes, surtout à Châteauroux, La Châtre, Le Blanc, Argenton, Sancerre. Il y eut des volontaires de seize ans. On en cite deux : Crublier, de Corbilly, et Guillaume Baucheron, d'Issoudun, qui n'avaient que quatorze ans. A côté de ces adolescents imberbes on voyait des vieillards à barbe blanche : Crublier, de La Rivière, avait dépassé la cinquantaine ; Etienne Raguy avait près de soixante ans. On a remarqué que ces volontaires formaient l'élite du pays ; presque tous savaient lire et écrire ; plusieurs avaient une instruction très complète.

A peine vêtus, mal armés, ne touchant, au début, aucune solde, ils firent preuve d'un noble désintéressement. Ils n'avaient qu'un souci, chasser l'ennemi hors de France, et ils marchaient sans se plaindre. Etienne Guymon, modeste commis au Directoire de l'Indre, déclara qu'il ne réclamerait à la nation aucune paye ; ses anciens collègues pourvurent à ses besoins pendant tout le temps qu'il passa sous les drapeaux.

Les volontaires de certaines régions se montraient turbulents ; plusieurs séditions s'étaient produites parmi ceux du Midi. Rien de semblable dans les bataillons du Cher et de l'Indre, où une discipline exacte, un courage à toute épreuve, un esprit militaire excellent ne cessèrent pas un instant de régner. Dès qu'ils eurent élu leurs chefs, ils employèrent tout leur temps à des tirs et à des marches d'entraînement sans jamais se laisser distraire de leurs patriotiques occupations.

Avec de telles qualités, ils devaient se signaler. En 1793, le bataillon du Cher fit bravement son devoir à *Wattignies*. En *Alsace*, il culbuta les Autrichiens dans les lignes du *Geisberg*, près de Landau. L'année suivante, il contribua, par une charge magnifique, au succès de la bataille de *Fleurus*.

Le commandant du bataillon de l'Indre, *Ruby*, était fils d'un pauvre boucher de Villedieu ; il devint plus tard général. Ce bataillon enleva, par deux fois, à la baïonnette, le village de *Berckheim*, près de Haguenau en Alsace. Entré le premier dans les retranchements ennemis, Ruby avait même pris deux canons. Le général Pichegru voulut récompenser tant de valeur : au chef, il donna un sabre d'honneur ; aux soldats, il offrit une somme d'argent, mais ces braves la refusèrent, protestant qu'ils n'avaient fait que leur devoir.

Les volontaires du Cher et de l'Indre ont montré dans la défense de la patrie et de la liberté d'admirables qualités. Ils furent des soldats modèles, leur exemple doit être toujours devant les yeux des jeunes générations.

40. — Le général Bertrand.

Bertrand naquit à Châteauroux, en 1773 ; il y mourut en 1844. Général du premier Empire, il chevaucha dans toute l'Europe avec nos armées. Puis il suivit Napoléon, vaincu et malheureux, dans son lointain exil.

Il est des officiers qui combinent les manœuvres, d'autres qui conduisent les soldats à l'ennemi. Il en est qui établissent des routes et des voies ferrées pour l'armée, construisent des ponts, fortifient les villes, dirigent contre les places étrangères des travaux d'approche : Bertrand était parmi ces derniers. Il appartenait à l'arme du génie et avait fait de bonnes études scientifiques.

N'étant encore que capitaine, il avait fortifié *Alexandrie*, en Egypte ; Bonaparte le fit alors nommer général. Bertrand allait montrer qu'on ne l'estimait pas au-dessus de sa valeur.

En 1805, Napoléon occupait Vienne. Le pont du Danube lui était indispensable, mais les Autrichiens avaient braqué, à l'entrée, de nombreux canons et se trouvaient prêts à le faire sauter. Bertrand et un autre officier se présentent seuls aux troupes autrichiennes. Un soldat tire sur eux ; un second s'avance une mèche à la main pour mettre le feu aux mines. Nos deux officiers lui saisissent le bras et annoncent qu'on est sur le point de signer la paix. Ils demandent en même temps qu'on les conduise au général en chef. Pendant que les Autrichiens se concertent et hésitent, les troupes françaises approchent, dissimulées derrière un rideau d'arbres. Brusquement, elles font irruption et enlèvent le pont, à la grande stupéfaction de l'ennemi qui s'aperçoit, trop tard, qu'il est joué. Tant d'habileté et d'audace émerveillèrent Napoléon qui choisit Bertrand comme aide de camp.

A la veille de *Wagram* (1809), nos armées étaient encore maîtresses de la capitale de l'Autriche. Sur la rive gauche du Danube se tenait l'archiduc Charles, l'adversaire de Napoléon. Il fallait pour l'atteindre traverser le fleuve, mais, cette fois, les ponts étaient détruits et on devait les construire de toutes pièces. Bertrand se mit à l'œuvre et sut trouver les matériaux nécessaires : bateaux, madriers, ancres, etc. L'ennemi lançait contre le pont des moulins enflammés; le Danube, à son tour, contraria les travaux par des crues subites. Quatre fois les ponts se rompirent, et, le jour de la bataille d'*Essling*, les munitions ne purent arriver sur le champ de bataille. Se trouvant réduits à la défensive, nos soldats furent tués en grand nombre. Enfin, les communications se rétablirent grâce à Bertrand et à ses collaborateurs. C'est ce qui permit à Napoléon de livrer la bataille de Wagram.

Après la désastreuse campagne de Russie, nos armées étaient anéanties. Bertrand reçut l'ordre d'aller chercher des soldats en Italie, de les équiper et de les conduire en Allemagne. Il réussit à constituer un superbe corps de 50000 hommes qui, sous son commandement, contribua aux victoires de *Lutzen* et de *Bautzen* (1813). Mais l'Allemagne se déclarait contre nous. Déjà les Saxons avaient passé à l'ennemi sur le champ de bataille de *Leipzig*. De son côté, le Bavarois *de Wrède*, qui avait servi dans nos rangs, prétendait nous fermer la route de France. Cette insolente prétention, qui faisait sourire de mépris Napoléon, fut cruellement punie. De Wrède fut écrasé à *Hanau* par l'Empereur d'abord, puis par Bertrand.

Pour Napoléon, les jours sombres sont venus. Son admirable campagne de France ne réussit pas à chasser la nuée d'envahisseurs qui s'est abattue sur notre malheureux pays. Cet homme, si adulé au temps de la prospérité, voit alors ses meilleurs lieutenants, ceux mêmes qu'il avait créés princes et ducs, le quitter. Non contents de l'abandonner, ses généraux offrent leurs épées à Louis XVIII. Au milieu de cette universelle trahison, quelques hommes sauvent l'honneur. Bertrand ne veut pas considérer, comme tant d'autres, si Napoléon a trop aimé la guerre, s'il a commis des fautes, il se souvient seulement qu'il lui doit tout et il l'accompagne à l'*Ile d'Elbe*.

Après Waterloo, il n'hésita pas à suivre, avec sa femme et ses enfants, l'illustre exilé à l'île *Sainte-Hélène*, sous un climat meurtrier, à des milliers de lieues de la France. Lorsque Napoléon fut mort, en 1821, Bertrand revint à Châteauroux. Il devait jouer plus tard un rôle politique comme député, mais rien ne pouvait augmenter sa renommée. Du jour où il s'était embarqué pour Sainte-Hélène, il avait conquis l'immortalité, car il avait personnifié la reconnaissance et la fidélité. En 1840, il fit partie de l'expédition qui ramena en France les restes du grand conquérant, et nul n'était, comme lui, qualifié pour remplir cette mission.

La ville de Châteauroux a élevé au général Bertrand une statue en bronze. Elle est fière d'avoir donné le jour à ce glorieux et loyal soldat.

41. — De la Révolution à nos jours : la Vendée de Palluau.
Troubles de Buzançais.

Le Cher et l'Indre fournissent peu de chose à l'histoire pendant la période contemporaine. Avec les autres départements, ils sont confondus dans l'unité nationale et ne manifestent aucune tendance particulière. A peine peut-on, au cours du dernier siècle, enregistrer quelques révoltes sans importance et immédiatement étouffées.

En 1796, les Vendéens songèrent à créer de l'agitation dans la région du Centre qui, semée d'obstacles, boisée, accidentée, était facile à défendre, comme la Vendée elle-même. Une armée de royalistes entra dans *Sancerre*. Elle était commandée par *Phélipeaux*, ancien camarade et rival de Bonaparte à l'École de Brienne; cet officier devait, plus tard, défendre victorieusement Saint-Jean-d'Acre contre notre armée d'Égypte et forcer son célèbre adversaire à reculer. Deux généraux de la République l'obligèrent à évacuer Sancerre. Arrêté à Orléans, il fut emprisonné à Bourges, mais réussit à s'évader.

La même année, un soulèvement se produisit à *Palluau*, à l'instigation des nobles et des prêtres réfractaires. Les insurgés repoussèrent les gendarmes. Ils ne pouvaient toutefois résister aux troupes régulières et furent complètement défaits près du ruisseau d'Enard, à une lieue de Buzançais. Soixante restèrent sur le champ de bataille. Les rebelles avaient, disait-on, abandonné leurs chaussures pour fuir plus vite. De là le nom de « Journée des Sabots » donné par dérision au combat. Cette courte révolte a été appelée « Vendée de Palluau », bien qu'elle n'ait qu'une lointaine ressemblance avec la terrible guerre de Vendée que Hoche s'efforçait alors de terminer au milieu des plus grandes difficultés.

A la fin du règne de Louis-Philippe, des troubles éclatèrent dans diverses parties de la France. La mauvaise récolte de 1846 avait causé la disette dans les campagnes : le blé se vendait jusqu'à dix francs le boisseau. Un grand nombre de familles souffraient de la faim. En outre, les théories collectivistes agitaient le monde du travail.

Pour combattre le chômage pendant la mauvaise saison, la municipalité de *Buzançais* avait organisé des ateliers de charité. Ces ateliers, où l'on faisait plus de politique que de besogne, devinrent rapidement des foyers d'agitation. Une véritable révolte allait en sortir. Les ouvriers se persuadèrent qu'ils avaient le droit de s'approprier par la force ce qu'ils ne pouvaient se procurer autrement.

Le 13 janvier 1847, des voitures de blé qui traversaient Buzançais sont mises au pillage. Le lendemain, les séditieux incendient un moulin après avoir emporté une partie du grain qui s'y trouvait et jeté le reste à la rivière. C'est l'émeute avec ses excès et ses crimes. On ne recherche plus seulement les objets d'alimentation ; on en veut aussi au linge, à l'argent, aux pendules, aux bijoux, à tous les objets de prix. Des menaces de mort sont proférées. Après des scènes de violence, un propriétaire du nom de Chambert tue d'un coup de fusil l'ouvrier Venin. Il est lui-même aussitôt assommé et la foule s'acharne sur son cadavre.

Mais voici le Préfet et le Procureur du Roi qui arrivent, suivis de cinquante chasseurs à cheval et d'un bataillon d'infanterie. Sur l'heure, la révolte s'apaise, les ouvriers regagnent leur domicile. Les principaux coupables allaient être cruellement châtiés. Trois furent guillotinés sur la place de Buzançais et vingt et un condamnés aux travaux forcés à perpétuité[1].

---

1. Ces détails sont dus à l'obligeance de M. Dauphin, Directeur de l'école de Buzançais, à qui je suis heureux d'adresser mes remercîments.

Ces troubles décelaient dans le pays un profond mécontentement, qui devait se manifester l'année suivante par une véritable révolution (1848).

42. — George Sand.

Aurore Dupin, baronne Dudevant, connue dans les lettres sous le nom de *George Sand*, est l'un des plus grands écrivains du dix-neuvième siècle. Elle naquit à Paris en 1804, mais elle passa presque toute sa vie à Nohant, près de La Châtre, et elle a passionnément aimé le Berry.

Jusqu'au XIXe siècle, les écrivains connaissaient peu la campagne et encore moins ceux qui l'habitent. George Sand vécut en pleine nature. Toute jeune, elle faisait, autour de Nohant, de longues courses. Elle goûtait l'ombre dans les sentiers fleuris, s'amusait à regarder les laboureurs au travail, les bergères dans les champs. Ses descriptions sont pleines de poésie et de fraîcheur. Elle a senti et exprimé le charme des vertes vallées, des clairs ruisseaux, des coteaux mollement inclinés, des grands bois, des landes désertes. Grâce à elle, Nohant, Saint-Chartier, Gargilesse, Sainte-Sévère, Châteaubrun, le Moulin d'Angibault, sont connus partout où l'on aime notre langue. De tous les points de la France et même de l'étranger on vient visiter les sites qu'elle a rendus célèbres.

Avant George Sand, le paysan n'avait guère de place dans la littérature. Les auteurs le présentaient le plus souvent comme un être routinier, sot, gauche et ridicule, lui prêtaient même des travers qu'il n'a pas. George Sand l'avait vu de près et l'estimait. Elle ne cache pas ses défauts. Elle sait qu'il aime l'argent, pour lui si dur à gagner, qu'il est souvent défiant, dissimulé, qu'il prend facilement, quand il s'enrichit, les vices que peut amener la fortune. Mais aussi, elle nous le montre serviable, attaché à sa famille, fidèle en ses affections, capable de s'élever au-dessus de la réalité, de concevoir des idées généreuses et désintéressées, artiste même, à sa manière. Le laboureur du Berry chante « aux bœufs » et son chant, antique comme la terre elle-même, est d'une beauté simple et mâle. Les jours de fête, il tire de sa cornemuse tantôt les airs vivement cadencés qui rendent les danseurs agiles, tantôt les douces mélodies qui font rêver.

George Sand était compatissante. Elle venait discrètement en aide aux hommes de lettres et aux artistes qui se trouvaient dans le besoin. Les pauvres gens la vénéraient non pas seulement pour ce qu'elle leur donnait, mais aussi pour ce qu'elle leur disait, car elle savait leur parler et les consoler. On l'appelait la « bonne Dame de Nohant ».

Elle mourut en 1876. Pensant aux paysages qui l'avaient toujours ravie, elle dit : « Ne détruisez pas la verdure ! » Ce furent ses dernières paroles. On voit à La Châtre une belle statue en marbre de George Sand. Elle est bien à sa place au milieu du pays qui inspira *Jeanne*, *François le Champi*, la *Petite Fadette*, les *Maîtres Sonneurs*, la *Mare au Diable*, ces chefs-d'œuvre si goûtés.

43. — Le Berry d'aujourd'hui.

Parcourons le Berry. Partout nous remarquerons les signes du labeur intelligent et de la prospérité. Naguère encore, d'immenses étendues ne produisaient autre chose que l'ajonc et la bruyère. Dans le *Boischaut*, on n'osait demander aux terres labourables que le seigle, l'avoine, la pomme de terre. La pioche et la charrue ont livré à la culture d'immenses étendues et partout on voit de beaux champs de froment : la chaux et les engrais chimiques ont opéré la transformation.

Au cours du siècle, tous les marais ont été desséchés. Ceux qui entouraient Dun-le-Roi, Issoudun, Bourges, sont devenus des prairies luxuriantes ou de riches jardins. La *Brenne*, où la vie était courte et misérable, s'est assainie. Les champs cultivés et les bois de pins y remplacent peu à peu les étangs : plus de 7 000 hectares étaient sous l'eau il y a cent ans ; on n'en compte aujourd'hui que 5 000. La fièvre a presque disparu de cette région jadis inhospitalière.

Dans les vallées herbeuses de nos tranquilles rivières paissent des troupeaux de *bœufs charollais* à robe blanche, dont les éleveurs ont augmenté la taille et le poids.

Les moutons ont toujours été nombreux sur les plateaux calcaires de la *Champagne;* on en compte aujourd'hui plus d'un million. Aux herbes savoureuses mais rares d'autrefois s'ajoutent les fourrages artificiels. Mieux nourris et mieux soignés que par le passé, les *moutons berrichons* sont très recherchés pour leur viande et leur laine. Les fleurs des herbages de la Champagne sont incessamment butinées par des colonies d'abeilles dont le miel commence à s'exporter au loin.

On voit dans les « ouches », enclos qui avoisinent toutes les maisons, de beaux arbres fruitiers. Les routes et les chemins sont ombragés par de grands noyers. Mais la région fruitière par excellence est celle dont *Saint-Martin-d'Auxigny* forme le centre. Elle apparaît de loin comme une véritable forêt de pommiers, poiriers, cerisiers. Les habitants, nommés « Forêtins », fournissent de fruits toutes les villes de la région : Bourges, Issoudun, Châteauroux, Orléans, etc.

Vers 1880, la vigne subissait une crise désastreuse. Le phylloxera avait tout ravagé. Il ne restait aux environs de La Châtre, Argenton, Issoudun, Sancerre, ces vignobles autrefois renommés, que quelques ceps rabougris et mourants. Les savants ont trouvé le remède et nos vignerons l'ont appliqué avec une persévérance admirable. Le mal est entièrement réparé grâce aux greffages sur plants américains.

L'industrie ne le cède pas à l'agriculture. Les voies de communication dont elle a besoin ont été créées au cours de ce siècle. Sans parler d'un réseau très serré de routes, les grandes lignes ferrées de Paris-Limoges, par Vierzon et Châteauroux, de Vierzon-Bourges-Saint-Amand et le Midi, une foule d'autres encore ont été construites.

Le *canal du Berry*, si souvent demandé depuis les États généraux de 1484 qui s'en occupèrent les premiers, a enfin été creusé (1822-1828), ainsi que le *canal latéral à la Loire* (1838), et le *canal de la Sauldre* (1848) destiné à améliorer la *Sologne*.

De tout temps, les mines de fer ont été exploitées en Berry ; les forges étaient autrefois très nombreuses ; le combustible abondait dans les vastes forêts du pays. La concurrence des minerais plus riches de Meurthe-et-Moselle les avait presque toutes éteintes. Elles se rallument actuellement.

parce que des méthodes nouvelles permettent de lutter avec les établissements de l'Est. Il y a du minerai à La Chapelle-Saint-Ursin, près de Bourges ; il s'exporte un peu partout, mais principalement à Montluçon, par le canal du Berry. On trouve des fonderies à Rosières, près de Saint-Florent ; mais l'établissement métallurgique le plus important de la région est celui de *Vierzon*, qui occupe 1 200 ouvriers et fabrique des locomobiles, des machines agricoles, des pompes, des voitures de tramways, etc.

Une autre industrie importante est celle de la *porcelaine* commune. Elle a aussi son centre à Vierzon, dont quelques produits peuvent rivaliser avec ceux de Limoges. Mehun-sur-Yèvre et Foëcy, Villedieu et Saint-Genou, ainsi que la Celle, près de Saint-Amand, s'adonnent avec succès à l'industrie céramique.

Issoudun et *Levroux* travaillent les peaux, préparent le parchemin employé pour les étiquettes, les tambours d'enfants, les ronds de pots à confitures.

Châteauroux a définitivement hérité de l'industrie des lainages, si ancienne dans le Berry. Il prépare des draps pour l'armée, l'administration, des coussins de wagons et voitures, des étoffes pour châles et manteaux. Ses produits sont fort recherchés au loin pour leur belle qualité. L'Angleterre en achète volontiers et le sultan du Maroc a même, ces dernières années, fait une importante commande de drap blanc. Une *manufacture de tabacs* est aussi à signaler dans cette ville, mais elle ne trouve pas, comme la précédente, la matière première sur place.

Bourges a de grands établissements militaires.

Sa *Pyrotechnie* charge les obus et les cartouches avec la poudre sans fumée, la mélinite et autres explosifs ; son *Arsenal* fait les harnais et les caissons, sa *Fonderie* construit des canons et des obus.

Une industrie délicate, où excellent les Berrichonnes, est celle de la *lingerie*. Elle est très importante dans le département ; on la trouve un peu partout, le travail étant distribué à domicile. Les points où elle s'est principalement développée sont : Issoudun, Vatan, Levroux, Niherne, Buzançais et surtout Argenton dont les ouvrières en chemises sont justement réputées.

Il existe peu de provinces en France qui réunissent plus de ressources et fournissent plus d'activité que le Berry. Il n'en est pas qui aient réalisé plus de progrès au cours des cent dernières années.

SAINT-CLOUD. — IMPRIMERIE BELIN FRÈRES.